Comparison and Evaluation on International
Consumption Center Cities
from a Global Prospective

国际消费中心城市
全球化视野的比较与评估

上海市商务发展研究中心 编著

上海人民出版社

编审委员会

总 顾 问：顾　军
顾　　问：刘　敏　周　岚　张国华　赖晓宜
名誉主编：张国华
主　　编：杜　娟　黄　宇
副 主 编：俞　玮　老震煜

编 写 成 员

欧　玲　郑醉文　罗　宏　马薇薇　王晓阳
朱昱蓉　滕　玥　蒋爱敏　郎旭晖　李　娴

前　言

　　上海是我国最具消费基因的城市,拥有庞大的消费人口、丰富的消费场景、海量的消费数据、领先的消费设施。2015年,上海市商务发展研究中心(以下简称"中心")提出了"上海建设世界级消费城市"的建议,形成专报报商务部,建议将"支持上海等若干具备条件的城市加快建成世界级消费城市"纳入全国"十三五"商务发展的总体布局。迄今,"中心"持续跟踪全球化视野下国际消费中心城市的建设实践,积累了丰富素材,形成了若干研究成果。2021年,"中心"开展了"国际消费中心城市评估指标体系"研究。2022年,我们针对国际消费中心城市理论基础、国际经验、评估体系、上海实践等,梳理编撰相关资料,深化已有成果,形成《国际消费中心城市全球化视野的比较与评估》书稿,谨借本书的出版,将"中心"的观察和思考对外做一个分享。

　　全书分为研究基础、发展评估、国际经验和上海实践四章。第一章"研究基础",从国际消费中心城市理论研究脉络的综述、概念内涵的界定、国内外实践的梳理,以及国家有关国际消费中心城市政策的总结等方面,探讨国际消费中心城市建设发展的特征和内在逻辑。第二章"发展评估",对国际消费中心城市的量化评价进行了积极探索。创新构建"国际消费中心城市评估指标体系",通过量化指标对全球主要国际消费城市的发展水平进行度量和评价,呈现各大城市的综合发展水平和优劣势所在。第三章"国际经验",通过对巴黎、纽约、东京、伦敦、中国香港、新加坡和迪拜7个国际消费中心城市的研究,以数据和案例为支撑,对各城市消费市场的发展概况、主要行业的发展特点、消费设施和地标载体的建设情况进行梳理,并从夜间经济、免退税经济和本土品牌培育三个方面对重点城市进行专题研究,力求呈现全球消费城市发展的共性特点、个性特质和核心驱动力。第四章"上海实践",主要从上海建设国际消费中心城市的背景情况,上海消费市场、相关行业、消费载体、重点领域的发展情况,以及未来发展方向等方面,对上海建设国际消费中心城市的发展实践进行归纳和总结,呈现上海的消费基因、产业基础和未来建设的可能方向。

本书编撰得到了上海市商务委员会(以下简称"市商务委")张国华副主任的支持和悉心指导。"中心"原主任黄宇离任前商定了出版事宜。"中心"主任杜娟统筹推进全书的编撰、修改及审定工作;副主任俞玮对框架设置和章节内容的调整提出大量宝贵意见;副主任老震煜对第四章的数据分析进行把关。编撰过程中,编写组成员多次交流讨论。具体执笔工作主要由欧玲、郑醉文承担。其中,第一章由欧玲、王晓阳、郑醉文共同完成。第二章由郑醉文、欧玲、朱昱蓉、王晓阳共同完成。第三章由欧玲、郑醉文、朱昱蓉、王晓阳、滕玥共同完成。第四章由罗宏、马薇薇、欧玲、郑醉文、王晓阳、蒋爱敏、郎旭晖、李娴共同完成。

在本书的撰写过程中,我们得到了有关方面的大力支持和帮助。在指标评估方面,2021年,"中心"和上海商学院针对国际消费中心城市指标体系开展联合研究,为本书的第二章内容打下了基础。在上海夜间经济和首店经济的研究方面,美团研究院、中商数据等机构为我们提供了大量的数据和素材支撑。在国际经验研究方面,上海外国语大学黄尧舜、徐雨晨、任明夏,上海社会科学院陆凌霞等实习生收集和整理了部分国外城市的数据和资料。此外,上海财经大学和上海科学技术情报研究所等单位也给予了大力支持和帮助。在此致以由衷的感谢!

同时,要特别感谢"中心"原主任、国务院政府特殊津贴专家朱桦对本书的框架设计提供了宝贵建议。在过去七年的研究工作中,我们还得到时任市商务委、市统计局领导,"中心"研究人员,区商务部门及各有关机构的指导帮助。部分章节参考了"中心"参与市商务委商贸处、市场处、电商处、综合处、服务业处等处室工作中形成的材料。在此一并表示敬意和感谢!

由于能力水平和客观条件的限制,书中内容难免存在疏漏或错讹之处,期望获得各位读者的批评和指正。

编　者

2022 年 12 月

目　录

第一章　研究基础

"国际消费中心城市"的产生和形成是社会生产力发展进步的产物,是城市功能转型提升的结果。"国际消费中心城市"是"消费城市"发展建设的高级阶段,"国际消费中心城市"的研究以"消费城市"的理论与实践为基础。本章通过对国际消费中心城市理论基础的梳理,内涵和功能的研究,以及国内外关于培育建设国际消费中心城市相关实践和政策的总结,探讨国际消费中心城市发展建设的脉络方向、功能要素和趋势特点,为研究上海国际消费中心城市建设的方向和重点,提供必要的前期准备。

一、理论基础

(一)国外相关研究

伴随城市发展动力的转变,西方学者开始从消费的角度研究城市经济增长的动能,"消费城市"的概念逐步发展完善。"消费型城市"最早由德国社会学家马克斯·韦伯于 1920 年提出,他认为根据主导城市发展的核心功能不同,城市可以分为商业型城市、生产型城市和消费型城市。当城市发展主要依赖于居民消费在需求侧的推动时,消费成为城市经济发展的首要贡献力量。[①]然而,受前工业化时期传统城市发展实践的影响,韦伯认为,与商业型城市和生产型城市相较,消费型城市的存在具有消极意义。但是,韦伯对城市功能的分类,奠定了此后国际学者对"消费城市"研究的框架基础。

1974 年,法国著名社会学家列斐伏尔(Lefebvre)在其发表的著作《空间的生产》中提出了"城市空间的消费理论"[②]。他认为城市空间具有消费性(即城市空间本身具有被消费的属性,是资本主义生存和发展的重要条件);在生产、交换和消费三个环节上,消费包括城市空间消费是城市的主要功能,城市空间所承载的景观、功能、物质要素以及文化沉淀都能成为具有价值的产品,以及资本循环的重要载体和关键环节。列斐伏尔认为,城市空间消费包含了住房、医疗、社会服务、教育、休闲文化娱乐等具有场所载体的集体消费形式,具有很强的消费集聚性和阶层性。在资本高效运作的后工业化阶段,这种集体消费形式占据越来越重要的地位,消费成为现代城市特别重要的功能,城市的生存和发展很大程度取决于城市消费是否具有高效和便捷的空间组织形式。

消费城市得到广泛关注是在 20 世纪 90 年代以后,全球进入后工业化时代,城市的发展越来越倚重于消费对加速产业经济循环的促进作用。以美国芝加哥、波士顿、洛杉矶等为代表的传统大都市的经济和产业复兴,引发格莱泽(Glaeser, 2001、2012)、戈特利布(Gottlieb, 2006)和克拉克(Clark, 2004)等学者的进一步讨论。

2001 年,哈佛大学城市经济学家爱德华·格莱泽(Edward Glae-

---

① 马克思·韦伯:《非正当性的支配:城市类型学》,康乐、简惠美译,广西师范大学出版社 2005 年版。

② 亨利·列斐伏尔:《空间的生产》,刘怀玉等译,商务印书馆 2021 年版。

ser)提出了"城市的消费产业决定了城市的发展前景"的观点。2012年,格莱泽又从人口流动的视角提出"消费城市"(consumer city)的概念,构建起消费城市理论的基本框架。格莱泽在《城市的胜利》(2012)[①]一书中指出,城市的消费机会是主导城市人口留在城市和人口再流入的重要原因,而非生产效率和工资收入的提升。城市通过提供丰富的商品和服务,成为区域的消费中心,由消费机会带来的高素质和高收入人才迁移,进一步提高消费城市的人力资本积累,提升城市生产效率。面临发展转型的大型城市,通过优化提升城市的消费中心功能,形成高人口密度、高宜居度的发展模式,推动了"消费城市"的崛起。格莱泽还进一步研究了消费城市兴起与发展的经验证据。"逆向通勤率"上升、收入租金弹性增加、财富向城市中心集聚是消费城市兴起的重要表现,城市潜在的消费机会弥补了通勤成本上升、生活成本增加、实际收入下降等导致的效用损失。

芝加哥大学城市社会学领军人物特里·克拉克(Terry Clark)则从社会学视角对"消费城市"进行研究,进一步提出场景理论(The Theory of Scenes),将城市看作一个系统消费品,即娱乐消费的机器。他在《作为娱乐机器的城市》(2004)[②]一书中提到,城市为消费者提供感觉舒适和愉悦的消费者舒适物(consumer amenities)[③],通过提供不同组合的消费者舒适物,吸引不同类别的人力资本向不同场

---

① Glaeser, *Triumph of the City*, London: Phaidon Press, 2012.

② Terry N. Clark and Coauthors, *The City as an Entertainment Machine*, Lanham, Maryland: Lexington Books, 2004/2011.

③ 舒适物(amenities)是由美国社会学家克拉克和美国经济学家阿尔曼提出的一个学术概念。舒适物是指使人感到舒心愉悦的环境、事物、事件、设施、行为或服务(Walcott, 2010)。舒适物能够吸引人口迁移,并促进地方经济发展(Ullman E.L., 1954)。消费者舒适物(consumer amenities)是指多种消费元素和消费环境在城市空间中形成的让消费者具有舒适和愉悦消费感觉的东西,是影响高素质人才流动的重要因素,是驱动城市发展的消费型资本。格莱泽将其归纳为丰富的消费品和服务、城市美学和环境布置、良好的公共服务等。克拉克将其归纳为自然、人造、社会经济多样性和居民价值等四类城市舒适或愉悦物。戈特利布认为城市消费者舒适物是企业布局的重要参考,是城市经济发展的重要工具(Gottlieb, 1994)。

景的城市迁移集聚。城市生活娱乐文化设施组合成的消费场景越丰富,其所包含的文化价值取向就越容易吸引高人力资本在此集聚,高人力资本的更高生产能力和对消费品供给的更高需求则进一步驱动城市更新与发展。克拉克认为,进入后工业化时代,城市的主导功能将进一步转向消费,城市的休闲娱乐产业发展越快,城市发展也就越快。格莱泽和戈特利布(Glaeser & Gottlieb, 2006)[①]也指出,城市多样、系统和配套的消费者舒适物弥补了诸如交通拥堵、空气污染等消费反舒适物的负面作用,从而增强了城市的吸引力。

日本新经济地理学家藤田昌久和比利时空间经济学家雅克-弗朗斯瓦·蒂斯(Jacques-Francois Thisse)在《集聚经济学:城市、产业区位与全球化》(2016)[②]一书中指出城市空间形态的集聚是土地空间与消费者社会交往互动的结果,并提出了城市中心形成的"购物模型"和"搜寻模型"。"购物模型"表现为,消费者的多样性消费需求推动企业倾向以集聚的方式靠近消费市场提供差异化产品,从而促进城市中心的形成;"搜寻模型"表现为,当消费者购物存在搜寻成本时,为节省消费者成本,企业也会集聚形成商业中心。

(二) 国内相关研究

国内学者也结合中国城市的特点和与西方发达国家的差异,对"消费城市"的内涵、特征及形成机制等方面进行了相关研究,并对我国消费城市的发展历程进行了阶段划分。

卢卫(1986)[③]是国内较早关注消费城市理论的学者,其认为消费

---

① Glaeser E. L., Gottlieb J. D., "Urban Resurgence and the Consumer City", *Urban Studies*, 2006, 43(2109):1275—1299.

② 藤田昌久、蒂斯:《集聚经济学:城市、产业区位与全球化》第二版,石敏俊等译,格致出版社2016年版。

③ 卢卫:《试论消费城市》,载《消费经济》1986年第4期,第34—38页。

是城市存在和发展的基本要素,是城市客观存在的基本功能。消费型城市的合理性在于,一个城市消费多于生产的生活资料,必然来源于其他生产多于消费的城市的空间转移,这是社会大生产和分工协作体系下社会生产力合理布局的必然结果,消费城市也是社会生产力发展的必然产物。前工业社会,城市主要承担着商品交换的功能,大多具有政治属性或作为商贸往来的交通枢纽而存在,也就是传统的消费型城市。进入工业化时期,城市即是生产基地,大多依赖于生产要素资源的集聚,形成工业生产型城市。进入工业化后期,城市的消费服务功能进一步凸显,城市居民的消费偏好、消费欲望、消费利益,以及对消费环境的需求,构建起现代消费型城市的核心功能。卢卫理解的消费城市内涵与韦伯相似,但他将消费城市置于社会大生产、大分工的视角下,肯定其对整体经济循环的带动与促进作用。

李玲、许学强(2001)①认为,我国城市的发展大体经历了三个阶段:第一阶段是第一个五年计划以前,我国工业化前期自发形成的消费城市;第二阶段从"一五"计划开始,在工业化建设的大背景下,消费型城市逐渐转型为生产型城市,城市的消费功能逐步弱化,我国消费型城市几近消亡;第三阶段是进入工业化后期,随着我国生产力水平的大幅跃升,城市的生产性功能逐渐削弱,服务再度成为城市的主导功能,生产型城市开始向生活型城市转变。在相关研究中,李玲界定了"消费型城市"和"生活型城市"两种不同的概念,用以区分工业化前的"传统消费型城市"和工业化后的"现代消费型城市",而"生活型城市"的具体内涵与西方学术界"消费城市"的概念保持一致。董志凯(2003)②等学者对上述观点也有所论述,认为改革开放以后,居

---

① 李玲、许学强:《50年来我国城市主导功能的发展变化——从消费城市向生产城市、生活城市的转变》,载《人文地理》2001年第2期,第22—25页。
② 董志凯:《从建设工业城市到提高城市竞争力——新中国城建理念的演进(1949—2001)》,载《产经评论》2003年第8期,第4—9页。

民的最终消费需求成为产业结构调整的先导变量,需求结构的多样化升级带来第三产业的发展和扩张,包括城市住宅消费的扩大,以及消费相关服务业的同步发展。

赵宇、张京祥(2009)①指出,不同于生产型城市,消费型城市以丰富的消费产品供给和强大的消费需求推动经济发展,并成为带动区域乃至国家经济发展的引擎。消费型城市主要通过服务产业来促进消费,服务业包括生产型服务业和消费型服务业,在消费型城市中具有十分突出的主导地位,消费型城市需要具有满足供需两端服务需求的能力。从消费结构看,不同时期消费型城市的消费资料(生存型、发展型和享受型)占比结构存在差异,古典消费型城市,如罗马,其生存型资料消费和享受型资料消费占比较大。随着技术革命和信息化的推进,现代消费型城市则多以发展型资料消费为主,呈现"消费社会多元化、消费主义个性化和消费需求结构化"的特点。此外,赵丹、张京祥(2015)②指出:地理空间的集聚和消费供给丰富度的提升,有利于降低消费机会的搜寻成本,提高匹配效率,形成消费集聚效应。城市由生产型向消费型转变的过程中,会孕育出大规模的消费空间,形成消费集聚区,成为城市功能转型的重要依托。

吴军(2014)③借鉴克拉克的观点,将城市看作生产消费的空间场景。他认为未来大城市的竞争力更多体现在吸引消费者前来生活与工作的能力上面。城市想要吸引高素质人力资源,维持强大和兴旺,不仅需要提供高收入(工资),而且要提升城市的生活质量,需要围绕满足人们对美好生活需求和活动空间的诉求,不断提高城市设施的

---

① 赵宇、张京祥:《消费型城市的增长方式及其影响研究——以北京市为例》,载《城市发展研究》2009 年第 4 期,第 83—89 页。
② 赵丹、张京祥:《消费空间与城市发展的耦合互动关系研究——以南京市德基广场为例》,载《国际城市规划》2015 年第 3 期,第 53—58 页。
③ 吴军:《大城市发展的新行动战略:消费城市》,载《学术界》2014 年第 2 期,第 82—90 页。

舒适性与便利性。人力资本对城市空间的品质诉求,能直接刺激城市空间体验、社会互动与交往频次的增加,促进城市消费繁荣。同时,人力资本互动与交往频次的增加,还有机会进一步转化为创新创意,成为促进城市发展的生产力与新的增长点。

叶胥(2016)[①]系统研究了消费城市发展形成的内生动力、微观基础和外在条件,分析了消费城市的运行机制和影响因素。他认为收入水平的提高、情感与社交需求的发展、创造性阶层的兴起、地方政府间的竞争等构成消费城市发展的内生动力。消费城市的发展潜力与经济发展能级具有很高的同步性,消费城市更需要注重现代服务业的发展,保持供需均衡,有效发挥消费对城市发展的推动力。当前,居民更加注重城市生活消费的舒适度,优质消费产品和良好消费体验加快集聚,消费功能越来越成为城市的主导功能。这也将加速市场导向的城镇化进程,加强城市与区域消费市场之间的一体化互动,对城市经济发展起到不可忽视的重要作用。

朱俊峰、曹双全(2021)[②]对新发展格局下,如何做好城市规划作了相关思考。两位学者认为城市规划的价值准绳应该回归"以人为本",规划目标应回归满足广大人民群众对美好生活的需求。规划应该更多侧重于绿色城市、文化城市、智能城市的建设,通过加强对城市消费舒适物的空间布局、质量、数量的规划引导,形成宜居、生态、便利、和谐的城市空间。

综上所述,国内外学者对消费城市的认识经历了从对城市消费与生产功能性的探讨,到如何认识消费型城市的"消费性",向消费城市的发展要素和驱动要件的转变过程。学者们普遍认同,城市

---

①　叶胥:《消费城市研究:内涵、机制及测评》,西南财经大学博士论文,2016 年。
②　朱俊峰、曹双全:《新消费之城:内外双循环背景下的城市规划转型》,2021 中国城市规划年会论文,2021 年。

的产业经济基础决定着消费城市的能级,消费产业的发达程度决定了城市发展的前景趋势。多元化的商品和服务供给、宜人的环境和富有美学品质的城市空间、良好的公共服务配套,以及令人愉悦的社交和休闲场所(特别是满足个性化需求的场所),是消费城市建设的要件。

(三) 国际消费中心城市的内涵和功能

关于"国际消费中心城市"的概念内涵目前尚未形成统一认识,但是众多国内学者对"国际消费中心城市"的功能和特征进行了有益探索。国务院发展研究中心市场经济研究所王微、刘涛(2017)[①]认为,国际消费中心是消费城市发展的高级形态,消费实现功能强大、消费配置和带动能力高效、消费创新和引领功能突出,是全球消费资源的制高点、集聚地和风向标。重庆市综合经济研究院汪婧(2019)[②]认为经济系统从封闭到开放的过程,就是消费城市向国际消费中心转变的过程,国际消费中心体现了消费服务全球性、消费产品全面性、消费链高级性的特征,不仅能全方位多层次满足居民消费需求,更表现为以人力资本为核心的消费创新引领实力。国际消费中心城市具有以下基础性特征:一是经济实力强,开放水平高;二是消费性服务业发达,服务体系完善;三是基础设施完善,消费便捷且舒适;四是城市人居环境优美,宜居宜游;五是城市创新氛围浓郁,人力资本正外部性突出。中央财经大学经济学院赵文哲教授(2022)[③]认为国际消费中心城市建设至少包含三个层次的含义:一是消费的国际性,

---

① 刘涛、王微:《国际消费中心形成和发展的经验启示》,载《财经智库》2017 年第 7 期,第100—109 页。

② 汪婧:《国际消费中心城市:内涵和形成机制》,载《经济论坛》2019 年第 5 期,第 17—23 页。

③ 赵文哲:《国际消费中心城市的内涵及实施路径》,载《人民论坛》2022 年第 5 期,第 75—77 页。

二是消费的多样性,三是消费的中心化。赵教授认为,国际消费中心城市是一个具有国际包容性的城市,具有人口国际化、商品和服务国际化的特点,是全球消费资源的集聚地,具有全球范围的资源配置能力,是全球生产和消费网络的中心,占领全球消费市场的制高点,是全球消费的风向标。

综合国内外相关理论研究和实践经验,对国际消费中心城市的内涵进行大致界定。"国际消费城市"是指云集全球商品和服务,吸引世界各地消费群体,引领时尚消费潮流,消费规模较大,消费能级较高,消费国际化水平较为领先,消费对城市经济社会发展贡献度比较突出的国际大都市。"国际消费中心城市"是消费资源配置能力和消费创新引领能力更强的国际化消费城市,是国际化的消费功能集聚中心、国际化的消费资源配置中心和国际化的消费潮流创新引领中心,具有全球或区域范围领先的消费向心力、消费影响力和消费资源配置力。

一是国际化的消费功能集聚中心。国际消费中心城市购物休闲、美食餐饮、文化娱乐、观光旅游等消费功能完善,原创消费发达,高端消费集聚,消费选择多样,消费体验优质,消费渠道多元,消费环境安全、便捷和高效,消费规模和能级在全球消费市场占据着制高点,消费是国民经济增长的核心拉动力。

二是国际化的消费资源配置中心。国际消费中心城市是全球消费人流、商流、信息流、资金流的集聚和辐射中心,云集全球优质消费品牌和企业,提供丰富多样的全球化商品、服务和文化,广泛吸引世界各国的消费人群,具有全球领先的消费资源配置功能。

三是国际化的消费潮流创新引领中心。国际消费中心城市具有突出的消费创新和引领能力,创新技术与消费的各个环节深度融合,新业态新模式发展领先,国际品牌的新品发布活动、最新体验活动集聚,是引领全球消费潮流的时尚中心。

国际消费功能是全球化时代国际大都市的核心功能,国际消费中心城市通常也是国际贸易中心、国际金融中心、国际文化大都市和世界著名旅游城市,产业资源要素高度集聚,高层次消费群体广泛汇集。国际消费功能的优化提升,对城市国际化大都市形象、功能和综合竞争力水平的提升均起到积极作用。目前,全球公认的国际消费中心城市有纽约、伦敦、巴黎和东京等城市。

二、实践基础

(一) 国外相关实践

生产和消费是城市的两大基本功能,在生产力发展的不同阶段,城市的生产与消费往往扮演着不同的角色。国外学者较早关注到生产型城市向消费型城市转型的具体实践。格莱泽和克拉克对芝加哥、波士顿、伦敦、巴黎等大城市生产与消费的主导功能进行了研究,这些城市在城市发展策略上实现成功转变,城市功能由生产导向转变为消费导向,城市发展由投资依赖型向"创造和消费"驱动型转变,新兴科技、商业服务、休闲娱乐和文化创意等服务业成为城市产业经济发展新的驱动力,带来城市产业结构的调整,消费与金融之间也形成更加紧密的联系。同时,消费城市表现出明显的消费和空间两重属性,相关城市建设实践也是产业经济转型和城市空间演进相互叠加融合的过程。

1. 产业经济转型

芝加哥从 19 世纪末的"钢铁城市",到 21 世纪以来"艺术创新花园"的飞跃,是生产型城市向消费型城市转型的成功案例。19 世纪中叶以来,芝加哥在美国西部大开发中逐渐崛起,到20世纪30年代,以钢铁工业、金属加工业、机械制造业、食品加工业、印刷业等制造业为支柱产业,芝加哥建立起十分雄厚的工业基础,为城市提供了丰富的劳动机会和较高的劳动报酬。到20世纪50年代,芝加哥城市人口已经超过360万人。但随着芝加哥工业化进程的不断推进,生产活动开始对城市生活带来诸多负面影响,如工业生产导致的严重空气污染、交通拥堵、基础设施老化等问题。从20世纪60年代开始,中心城区人口大量外迁,郊区开始成为新的就业增长点。到20世纪70年代,芝加哥郊区人口首次超过城区人口,占城市总人口的55%。

为应对中心城区空心化问题,20世纪60年代芝加哥开始研究新一轮城市经济发展战略与产业结构调整规划,于80年代确定并开始执行"以服务业为主导的多元化经济"的发展目标。重点扶持与制造业密切关联的新兴服务业,引进高新技术产业中管理、研发、营销等价值链高端功能,强化交通运输中心地位和传统金融贸易中心地位,大力发展商贸服务业、会展业和旅游业等第三产业。[1]为改善城市面貌和提升城市魅力,芝加哥市政府强力推动城市更新改造,推动商业娱乐设施的建设与改造升级,发展国际旅游与文化交流,促进大型国际赛事活动举办,开展多元文化交流,吸引大批高素质创新人才前来工作、生活和居住,有效促进中心城区人口回流,城市转型效果逐步显现。进入21世纪,芝加哥基本形成了以现代服务业为主导的多元产业结构体系,服务消费在经济结构中的比重大幅增加,从一个工业时代的制造业中心城市转变成为一个消费经济发达、科技信息集中、创新创意人才汇聚的消费城市。[2]

---

[1]　厉以宁、蒙代尔、蒲宇飞:《国际比较及借鉴》,载《经济研究参考》2010年第15期,第25—32页。

[2]　当代上海研究所:《当代上海研究论丛》(第4辑),上海人民出版社2017年版。

除了芝加哥,巴黎、伦敦等消费型城市也大多是由生产型城市转型而来,经历了从工业化到去工业化,导入和发展新兴服务业的过程。纽约与其他城市稍许不同,纽约是承接欧洲产业转移的"桥头堡",由商贸城市发展而来。直至19世纪中叶,在工业革命的推动下开始发展工业,并以服装鞋帽、印刷、皮革、食品加工等轻工业门类为主,这些制造业门类与服务业具有天然的纽带与联系。因而,在纽约的城市发展过程中,国际资本导入和服务业始终占有一席之地,从而有基础率先实现现代服务业的集聚和城市的转型繁荣。

与欧美消费城市不同,日本东京消费城市的崛起得益于明治维新时代工业化的发展、社会生活的欧洲化和高等教育的兴起,这些为"二战"后东京知识型、技术密集型产业的发展,以及大型财阀集团的形成奠定了基础。一方面,产业经济的发展使东京成功吸引全国乃至全球高教育水平人才的集聚,为消费市场的繁荣提供了本地高收入客群支撑。另一方面,大型财阀集团的发展,使东京成为日本和亚洲产业经济资源配置的中心节点,推动了金融、贸易和服务业的中心化集聚,以及以东京为核心的都市群产业链、供应链的优化和完善,让东京消费市场对整个都市区域形成强大的辐射效应。

2. 城市空间演进

与产业发展相对应,城市空间结构的演进也成为消费城市实践的重要内容。以沃尔特·克里斯塔勒(Walter Christaller)为代表的城市中心地理论①成为消费城市空间建设的重要理论支撑,为城市商

---

① 中心地理论最早是由德国经济地理学家沃尔特·克里斯塔勒(Walter Christaller)在其1933年出版的《德国南部中心地》一书中提出。中心地理论指出城市的基本功能是为周围的地区提供商品和服务,最重要的中心地不一定是人口最多的,但却是在交通网络上处于最关键位置的,能提供优质贸易、金融、手工业、行政、文化和精神服务的地区。中心地因其提供的商品和服务种类和能级不同而分为若干等级,各中心地之间构成一个有规则的层次关系,为城市商业中心的建设发展奠定空间理论基础。

业中心的建设、城市商业中心分级规划等城市发展实践提供了空间理论基础。城市商业中心的形成和空间结构演化是构成消费城市空间发展的基本要素,并往往与城市产业功能相叠加。

CBD(中央商务区)的概念起源于20世纪20年代的美国,纽约在其第一轮区域规划(1921—1929)中就已提出"再中心化""城市CBD(中央商务区)"的发展理念。20世纪五六十年代,CBD(中央商务区)在欧美发达国家城市中心区实现规模化实践。一些大城市在原有商业中心的基础上重新规划和建设具有一定规模的现代商务中心区,有效促进商务办公活动空间向城市中心区集聚。与此同时,CBD的发展也带来了"钟摆式通勤"和夜间"空城"现象的产生,传统商业街区呈现出萧条景象。在此背景下,中央活力区(CAZ)规划理念在纽约、伦敦等城市率先展开实践。中央活力区(CAZ)是指"集居住生活、企业办公及政府服务于一体的多功能活动区域",中央活力区的发展进一步强调了"职居平衡"和多元化商业、旅游、文化、休闲、生活服务等配套设施的有机共荣,以及街道空间活力的复兴,与全球化背景下城市中心功能多元化发展趋势相适应,成为国际消费中心城市建设发展的一个重要策略。

在1996年纽约大都市区域第三次区域规划中,区域规划协会(RPA)着重提出中心化发展策略,强化中心城区产业回归和商业复兴,以应对区域经济增长缓慢和波动。①纽约更加注重城市中心区功能的复合集聚和多元发展。如纽约曼哈顿区,由起初的金融中心逐步转变为集金融机构、百老汇、艺术博物馆、休闲娱乐、商业活动为一体的中央活力区,成为全球的文化中心和商业中心。2004年,大伦敦政府在新一轮《伦敦规划:大伦敦空间发展战略》中,首次明确提出中央活力

---

① Regional Plan Association,*The Third Regional Planning*,http://www.rpa.org/.

区(CAZ)建设,以原伦敦金融区、金丝雀码头区和威斯敏斯特市为核心区,打造一个国际化的经济、金融、商业、休闲和文化旅游的中心。

日本东京则是多中心化商业网络结构的代表。1985 年东京"第三次首都建设规划"期间,日本国土厅大东京都市圈整备局提出将东京"一级集中"的地域结构改变为"多心多核"的地域结构,结合第四次首都规划,逐步将东京都心的城市功能向外拓展,形成多中心发展格局。在东京都心的基础上逐步发展形成新宿、池袋、涩谷等城市副中心。东京城市商业中心的形成和发展与人口向新城的迁移紧密衔接,并通过城市商业中心与交通枢纽设施的一体化开发建设(TOD开发模式),快速形成都市区域内多中心化的商业网络结构体系。这一发展模式在帮助东京破解公共设施资金投入量大、运行效率低、项目盈利难等问题的同时,将公共交通出行所具有的商业客流价值和城市空间有机融合。在东京商业副中心的开发过程中,形成了"交通＋商业＋不动产"的综合发展模式,实现对区域消费业态的统筹和商业 IP 的打造,实现了商业中心消费能级的快速提升。

(二) 国内相关实践

国内方面,有学者认为中国的消费城市发展分为两个阶段。一是近现代早期"传统消费型城市",由于国内民族工业发展相对缓慢,在口岸通商、全球商品贸易输入的情况下,沿海主要开埠城市被动依赖"消费"实现繁荣发展。二是改革开放后逐步发展起来的"现代消费型城市",北京、上海、杭州、广州等城市纷纷步入后工业化阶段,旅游休闲、教育文化等服务业兴起,大城市的消费功能增强,经济全球化发展、信息科技变革、消费阶层崛起,消费城市实践也受到了我国学界和政府部门的广泛关注,并逐步升级为国际消费城市、国际消费中心的建设实践。

近代,西方列强的侵略与不平等条约的签订,使我国一部分沿海城市被迫开放成为通商口岸,形成上海、苏州、杭州、哈尔滨等一系列因商而兴的消费型城市,以及北京、南京等具有政治属性的消费型城市,构建起我国最初的消费型城市。在这一阶段,我国城市大多依势而建,商业基础条件好、消费文化盛行的口岸城市大多发展成为传统的消费型城市,具有消费市场繁荣、消费品类繁多等特点。

建国以后,借鉴苏联重工业化经验,我国城市经历了30年发展生产、限制消费,大力发展重工业的历史。我国因商而兴的传统消费型城市,如北京、上海、苏州、杭州等,纷纷转型为生产型城市,规划布局工业生产,城市的消费功能逐渐削弱,娱乐和服务产业弱化,城市经济发展主要依赖工业生产,工业成为城市要素集聚的核心动力。在这一时期,我国传统的消费型城市的国际地位也随之下降。

但随着工业化建设的不断推进,一些城市率先进入后工业化阶段,城市居民收入增加,物质产品极大丰富,城市居民对文化产品、精神消费、社会服务的需求逐渐提升,曾经被作为生产型城市来建设的一些文化名城和宜居城市,如北京、苏州、杭州等,其观光、旅游、疗养服务等功能再度凸显,消费功能日益突出,逐渐形成了集旅游、观光、度假、疗养、展览、会议等社会经济活动中心功能于一体的现代消费型城市。在这一阶段,城市已不再作为工业生产的要素集聚中心而存在,而是发展成为以城市消费者为核心的消费供给城市。现代消费型城市的增长逻辑在于,以城市内企业与居民所从事的高附加值的生产与消费活动,带动城市消费与供需增长,拉动周边区域消费与生产,促进国家经济健康、有序循环发展。[1]

"十三五"以来,国际消费中心城市的建设与城市的国际化发展相辅相成。国际化城市具有社交交往愉悦、商品服务多样、文化设施

---

[1] 叶胥:《消费城市研究:内涵、机制及测评》,西南财经大学博士论文,2016年。

齐全、整体风貌令人舒适等优势特点,有利于促进会展旅游、商务旅游、社交旅游、购物旅游、修学旅游、文化旅游等新兴消费业态的产生和发展,并进一步推动了城市开放度的提升。开放的城市又吸引大量短期消费者对城市旅游资源的消费,推动旅游业成为城市发展的支柱产业之一。[①]广州、深圳、成都等许多城市开始在"国际消费中心"建设上有所谋划,初有成效。[②]2016 年,上海市政府提出"加快建设国际消费城市,着力打造国际时尚之都"的建设目标,成为国内最早在政府层面明确提出国际消费城市建设实践的城市之一。随后,北京、广州、深圳、成都、杭州、武汉、西安等城市纷纷提出建设"国际消费中心城市"的发展目标。

目前,我国正处于构建"以国内大循环为主体,国内国际双循环相互促进"的新发展格局的战略转型期,消费已成为拉动我国经济增长的核心动能,新兴中产阶层正逐渐成为消费需求增长的主力军。我国诸多一线城市、新一线城市已经步入向区域消费中心城市乃至国际消费中心城市的转型发展期,其产业结构、功能布局、空间结构都在消费需求的拉动下发生了新的演变。

三、政策基础

(一)国外相关情况

消费城市建设是一个长期性、战略性的系统工程。美国、英国、

---

① 黄璜、王俊程、战冬梅:《"消费城市"兴起对城市旅游发展的影响》,载《经济问题探索》2010 年第 1 期,第 151—154 页。
② 赵申生:《把积极创建"国际消费中心"作为城市国际化的发力点》,载《杭州(党政刊)》2017 年第 3 期,第 34—35 页。

法国、日本等消费强国虽并未明确提出建设消费中心城市的目标,但各国都通过从国家层面完善律法、规划、相关政策,推动消费产业升级和促进旅游业发展,推进主要城市全球消费中心功能的提升。

1. 美国

推动形成全国统一的流通大市场,是提升城市消费中心功能的重要手段。1887年,美国国会通过《洲际商务法》,出台减少地方间贸易壁垒的相关条例,国内大市场得以统一。交通运输网络的完善以及贸易壁垒的打破极大促进了城市之间的商业贸易往来,作为全美商业中心的纽约,其种类齐全的商品得以充分面向国内外市场供应;并逐渐发展成为美国最大的港口城市和集金融、贸易、旅游与文化艺术于一身的国际大都会,为其国际消费中心功能的形成,奠定了良好基础。

为促进对外经济贸易发展,国会批准《1934年自由贸易区法案》,1979年美国纽约港自由贸易园成立,通过一系列税收优惠政策吸引了大量国内外知名公司设厂经营,为纽约集聚商贸企业总部,丰富消费市场供给,提升国际消费中心功能创造了条件。

与此同时,美国作为现代社区商业的起源地,通过规划法案的完善和调整,促进城市商业网络的不断优化、提升和商业街区的复兴。1974年,联邦政府颁布实施《住房和社区发展法案》,要求地方政府在政策、投资等方面推动社区商业建设。合理规范社区商业布局,通过设立"社区发展专项资金"支持社区商业发展,促进了大量品牌连锁业态和各类专卖店入驻,更好满足了市民多元化、高品质的生活消费需求,推动了社区消费活力释放和街区繁荣发展。

20世纪80年代,美国整个商品供应链中的主导权逐步由生产企业转向零售企业,生产商和零售商之间的矛盾日益加剧。[①]面对这一

---

① 宋则:《新世纪新主题:流通现代化——促进流通创新 提高流通效能政策研究》,载《商业研究》2003年第9期,第1—9页。

现象,政府积极推动零售企业与生产企业合作。例如,80 年代中期,大型零售商沃尔玛(Walmart)和大型生产商宝洁公司(P&G)结成了战略联盟,形成一种新型的产销合作关系,借助于计算机信息技术实现向供应链管理方向上的发展①,促进了美国零售品牌企业的规模化发展和全球市场竞争力的提升。与此同时,美国进一步强调通过推动科技进步促进商业创新发展,尤其是互联网技术的发展应用和商业基础设施的建设,使美国在零售电子商务和商业模式创新方面保持领先。1996 年,美国成立"美国政府电子商务工作组",负责制定电子商务的政策措施,协调督促跨部门电子商务政策的实施。1997年 1 月,美国政府颁布联邦政府促进、支持电子商务发展的"全球电子商务框架",进一步促进在线商业零售的创新发展和业务拓展,为美国促进国际消费资源集聚和消费水平提升起到积极作用。

进入 21 世纪,促进旅游业发展相关政策的出台成为美国促进核心城市消费国际化发展的重要内容。2015 年,美国旅游协会举办的美国国际旅游交易会(IPW),推出了"把世界带到美国"市场活动,美国国际旅游交易会通过将美国旅游参展商与旅游买家和媒体联系起来,推广他们的产品并协商未来业务,为美国旅游业创造了超过 55亿美元的收入。2014—2017 年,美国联邦政府进一步放宽入境旅游签证政策,逐步将中国和巴西等关键客源地市场签证等待期从 100 多天缩减至 5 天以下。同时,扩展了信任旅行者项目(Trusted Traveler Programs),包括扩展全球入境快速通关计划(Global Entry)项目的覆盖范围,以及中国的签证有效期从 1 年延长至 10 年。外来旅游消费的迅速发展,极大促进了纽约等旅游目的地城市国际消费规模的

---

① 1989 年,沃尔玛开始对宝洁公司的纸尿裤产品实行供应链管理,建立 JIT 型自动订发货系统,即双方企业通过 EDI 和卫星通讯实现联网,由 MMI(Manufacture Manage Inventory)系统实现自动进货,并实现 EFT(Electronic Funds Transfer)系统决算。

增长。

2. 法国

法国对促进商业发展的制度变革取得显著成效。1974年,法国政府将商业和手工业部同工业部相分离,组成以管理私营商业为主的商业和手工业部,有效促进了法国商业企业的合并和集中发展,大型商业载体在这一时期加快建设,商业变得高度集中化,超级商场和购物中心快速发展,零售品牌企业集团也在这一阶段加速其品牌的规模化发展,并形成地区化的产业发展集群,提升国际化竞争水平。在巴黎,形成了由香水、时装、珠宝、化妆品、皮革制品等产业门类组成的庞大的时尚产业群。与此同时,从鼓励商业多样性发展的角度出发,法国政府制定了大型商业集团和中小商业企业均衡发展的商业律法政策,侧重对中小商业的保护,也促进了法国城市商业网点的繁荣。其中最为重要的是1973年颁布的以强化城市规划管理和平衡商业业态配置为宗旨的《鲁瓦耶法》(《商业和手工业指导法》)。

20世纪90年代,面对经济危机,法国商业服务业的发展呈现出很强的独立性,实现了逆经济周期增长。期间,城市化进程促进了大都市地区娱乐业和旅游业的发展,非食品类商品也处于持续增长态势,创造大量就业岗位。1996年,法国提出进一步强化商业设施规划管理,颁布《拉法兰法》(《商业与手工业促进法》),是对《鲁瓦耶法》的继承和修订。该法案要求细化城市规划,进一步限制建设大型商业网点设施,规范外国零售企业的进入和扩张,并由法国经济财政工业部组建国家商业设施审批委员会,形成规范、统一的标准审批流程,将城市商业网点建设纳入法制化轨道,在有效促进商业现代化发展的同时,对保持商业街区和传统风貌区发展活力起到了积极的作用,为巴黎等重点城市更新和创新商业空间,打造独特的城市商业特色夯实了基础。

2002年欧元正式进入流通领域,欧洲市场一体化建设进入新阶段,商品在欧盟区的流通更加便利和自由。法国政府为进一步促进在欧洲范围内形成自由竞争并开放的消费市场,积极推动以法国西非集团为首的进出口贸易公司和法国大型商贸企业在欧洲大市场框架下,增加与外国经销商的合作。如家乐福零售集团与德国麦德龙超市合作,卡西诺零售集团与英国雅格瑞科技集团以及荷兰皇家阿霍德公司合作,促进了法国在欧洲商业零售市场影响力的提升。

21世纪以来,政府对旅游产业的扶持发展,进一步促进了法国重点城市国际化消费市场功能的提升。法国政府将旅游资源的保护和开发作为政府的重要职能。2008年,法国国务秘书处制定了一项旅游业发展战略,促进旅游业持续增长。2016年,法国政府出台一系列总计4270万欧元的促进消费推动旅游业发展的措施计划,其中包括1100万欧元用于支持旅游业发展的贷款补贴,并启动了放宽国际游客退税的政策。

3. 英国

"确保市中心的活力"是英国城市商业发展的一项基本准则。英国政府通过规划文件和立法,明确城市商业中心的等级及网络结构,从宏观层面上实现对零售空间布局和发展规模的引导,有效提升了城市中心的生命力和活力。1993年7月,英国出台《城镇中心及零售业发展规划指导政策》,并在1996年6月进行更新修改,要求遏制郊区购物中心的发展,推行"城镇中心优先"(Town Centre First)原则,对城市传统商业街区进行保护,从而促进英国高街(High Street)保持持续繁荣发展并形成独特的商业文化魅力。

2009年新修订的《规划政策纲要4:经济可持续发展规划》,将英国城市商业中心划分为市(city)、镇(town)、分区(district)和社区(local)四个等级。通过在自由市场环境下,对规划范围内居住人口规模、消费能力、消费偏好等综合要素的分析,使城市商业网点的发展达到规模适度、布局合理、结构优化的目的。

2012 年,英国社区和地方政府部颁布了统一的《国家规划政策框架》,该政策第四部分涉及城市商业中心发展和大型超市建设。针对英国城市边缘或郊区发展大型商业导致零售外移,影响市中心商业发展的问题,该政策提出优先发展城市中心商业,要求地方政府在发展规划中考虑城市中心商业的发展需要,只有城市中心缺乏发展条件时才能移至郊区。在 2018 年 3 月发布的《国家规划政策框架修改草案》中,对确保市中心活力做出了更为明确的要求:一是更为精细地界定市镇中心的网络及等级,不因用地限制而影响零售、康乐、办公及其他主要市镇中心功能的发展,配合发展需求不断修正市中心的界线;二是加强对城镇中心区以外,超过 2500 平方米的零售和休闲新项目的评估,包括对市中心城市活力、消费者购物范围的影响评估。

同时,英国政府注重从供给和需求两个方面配套支持政策,增强市场活力,释放消费潜力。在供给侧,注重加强对商业和消费领域中小企业发展的支持,推动和促进商业相关创新和技术的发展。2015年,英国政府颁布了《中小企业(信用信息)管理条例》和《中小企业(金融平台)管理条例》,为小企业创造更有效的金融市场。从 2014年 4 月开始,英国对 36 万家小企业提供 12 个月的免息计划。英国商业、创新和技能部引入就业保险计划,对中小企业给予 2000 英镑的失业保险减免。2016 年至 2021 年,英国商业、创新和技能部投资 6100 万英镑打造高价值产业创新中心,以更好满足商业技术创新需求,为中小企业提供更多技术支持。在需求侧,注意挖掘本地消费和外来消费潜力。英国政府通过推出低利率政策和降低个人所得税等政策,以刺激国内家庭消费。2008 年金融危机以后,英国持续推行低利率政策,至 2017 年 6 月,英国央行的基准利率仍维持在 0.25%的创纪录低位。2016 年英国财政部推出下调个税及资本利得税的政策引导方案,起征点从 2016 年 4 月的 11000 英镑调整到 2017 年 4 月起的 11500 英镑,到 2020 年起征点再次调整至 12500 英镑,进一步增加居民可支配收入。促进外来消费方面,2016 年英国政府发布《旅游行动计划》,以推动英国更好服务国际游客。2019 年,英国政府发布 2019—2025 年国际商业活动行动计划,旨在通过政府宣传、财政支持、目的地营销和推广、入境便利、网络联通、政府协调等方面的政策措施,吸引和发展国际商业活动。此外,2019 年英国政府还打造了一个在线企业对企业平台,将旅游供应商与全球分销商联系起来,加快数字技术发展和减少行业壁垒,提高行业创新能力。

4. 日本

20 世纪 70 年代,日本经历了战后经济高速发展期,人口向东京、大阪等大城市加速集聚,新城开发加速,城市工业用地向城市混合功能用地转换,城市空间结构向多中心化发展。日本的主要大都市区出台鼓励多个用地共同规划开发的政策,如东京都的"团地综合设计制度",从制度层面认可将不同所有关系的多个用地视为一个独立用地进行建设再开发,使得新宿、池袋、难波等城市站前枢纽型商圈大规模综合再开发得以实现,东京、大阪等消费城市逐步形成多中心的商圈发展格局。

20 世纪 80 年代,日元成为第三种国际储备货币,东京离岸金融市场建成,东京全球消费资源的配置能力进一步提升。同时,日本政府提出建设"业务核都市"战略,在疏解部分首都功能的同时,促进区域协同发展和都市圈空间结构优化,进一步推动了东京消费和商业功能的增强,提升了东京消费市场的区域辐射能力。

20 世纪 90 年代末,日本政府注重将商业流通政策与城市空间建设政策统筹考虑,实现商业流通与城市发展的一体化。1998年颁布《整体推进中心街区的整备改善和商业振兴法》(简称《中心街区繁荣法》),推进城市活力和中心街区繁荣。2000年颁布的《大规模零售业店铺立地法》(简称《大店立地法》),一方面,有效增强大都市商业开放度,国际零售巨头纷纷进入,在日本的发展由原来合作或合资转为独资经营,国内零售业资本结构的国际化程度不断提高;另一方面促进新兴业态发展,有效实现小微商业空间与大型商业载体在城市空间中的良性共生发展。

由于人口老龄化程度较高,日本政府注重通过激发外来消费需求的方式推动城市商业发展。2007年日本内阁政府通过并推进实施《观光立国推进基本法》,2008年成立观光厅,2015年日本政府发布《观光立国行动计划》修订版,放宽重点市场签证条件,促进免退税经济发展,实现旅游业对消费的促进和大都市区域消费国际化水平的提升。2017年发布实施《都市营造的宏伟设计——东京2040》,提出"通过艺术、文化、体育创造新魅力,创建游客会持续选择的旅游城市"。2022年2月,日本出台《东京都观光产业振兴实施计划》,提出从6个方面提升东京观光经济的能级,并出台一系列针对奥运会的政策及投资计划(投资总额超过10万亿日元),以促进日本消费和经济增长。

(二) 我国相关情况

1. 提出建设目标

2013年10月,国家主席习近平在印度尼西亚巴厘岛出席亚太经合组织工商领导人峰会上发表演讲,指出"中国经济已经进入新的发展阶段,正在从以往过于依赖投资和出口拉动向更多依靠国内需求特别是消费需求拉动转变"。2018年4月,习近平在博鳌亚洲论坛开幕式上指出"内需是中国经济发展的基本动力,也是满足人民日益增长的美好生活需要的必然要求"。同年 11 月,习近平在首届中国国际进口博览会开幕式主旨演讲中指出"中国将顺应国内消费升级趋势,采取更加积极有效的政策措施,促进居民收入增加、消费能力增强,培育中高端消费新增长点,持续释放国内市场潜力,扩大进口空间"。2020 年 5 月,习近平在参加全国政协十三届三次会议的经济界委员联组会时指出"面向未来,我们要把满足国内需求作为发展的出发点和落脚点,加快构建完整的内需体系"。2021 年 11 月,习近平在第四届中国国际进口博览会开幕式主旨演讲中进一步强调"中国将推进内外贸一体化,加快建设国际消费中心城市"。

在上海市商务委员会的指导下,上海市商务发展研究中心于 2015 年对世界级消费城市的内涵、特征和趋势进行了研究,并形成《"十三五"上海建设世界级消费城市的初步考虑》专报报商务部,建议将"支持上海等若干具备条件的城市加快建成功能完备、服务优良、富有全球竞争力的世界级消费城市"纳入全国"十三五"商务发展的总体布局中。2016 年 3 月,《中华人民共和国国民经济和社会发展第十三个五年规划纲要》首次提出"培育发展国际消费中心"。2016 年 7 月,商务部印发《商务发展第十三个五年规划纲要》,提出"鼓励和支持上海等若干具备条件的城市加快建设功能完备、服务优良、富有全球竞争力的国际消费城市"。2016 年 11 月和 12 月,国务院办公厅发布的《关于进一步扩大旅游文化体育健康养老教育培训等领域消费的意见》和《商务部关于做好"十三五"时期消费促进工作的指导意见》,先后提出"积极培育国际消费中心城市"的要求。2018 年 9 月《中共中央国务院关于完善促进消费体制机制进一步激发居民消费潜力的若干意见》、2019 年 8 月《国务院办公厅关于进一步激发文化和旅游消费潜力的意见》和《国务院办公厅关于加快发展流通促进商业消费的意见》等文件,进一步明确要"建设形成若干国际消费中心城市"。2020年9月《国务院办公厅关于以新业态新模式引领新型消费加快发展的意见》和2021年3月国家发展改革委会同有关部门和单位研究制定的《加快培育新型消费实施方案》,以及《中华人民共和国国民经济和社会发展第十四个五年规划和2035年远景目标纲要》均明确提出"培育建设国际消费中心城市"的目标要求。

2.开展试点工作

2019年10月,商务部等14部门印发《关于培育建设国际消费中心城市的指导意见》,明确了培育建设国际消费中心城市的工作目标和六个方面重点任务。2019年12月,《商务部办公厅关于推荐申报国际消费中心城市培育建设试点工作的通知》提出申报国际消费中心城市培育建设试点的具体要求,明确了推荐条件、评估依据和遴选程序。2020年4月,《商务部关于统筹推进商务系统消费促进重点工作的指导意见》进一步提出要"对标国际,建立国际消费中心城市培育建设的评价指标,选择推荐具备条件的城市申报国际消费中心培育建设试点"。2021年7月19日,商务部在北京召开培育国际消费中心城市工作推进会,宣布在上海市、北京市、广州市、天津市、重庆市,率先开展国际消费中心城市培育建设。2021年10月,商务部出台《培育国际消费中心城市总体方案》,提出聚焦"构建全球多元融合的消费资源聚集地""建设具有全球影响力的标志性商圈""打造引领全球消费潮流的新高地""营造具有全球吸引力的消费环境""完善自由便利的国际消费政策制度体系""推动形成区域消费联动发展新格局"6个方面共20项重点任务开展国际消费中心城市建设,并以附件形式发布"国际消费中心城市评估指标体系"。

商务部宣布首批试点城市名单后,五大城市相继出台该市国际消费中心城市建设实施方案,成立国际消费中心城市建设工作领导小组，建立跨部门的协调推进机制，全力推进培育建设工作。与此同时，五大城市纷纷加大政策支持力度，以政策创新突破保障建设工作的落地实施。上海市先后出台《上海市商务高质量发展专项资金管理办法》《激发创新动能 引领时尚潮流 加快国际消费中心城市建设的若干措施》，加大资金和政策支持力度。北京市针对首店经济、网络消费、消费季活动、跨境电商、新消费品牌孵化等多个方面出台市级层面的专项资金政策。广州市组织编制《广州市建设国际消费中心城市发展规划》，出台《广州市促进商务高质量发展专项资金管理办法》，注重从规划引领和资金保障方面加大支持。重庆市发布《重庆市培育建设国际消费中心城市若干政策》，在商业载体示范创建、龙头企业引进培育、引进商业品牌首店、实施数字化改造、发展特色品牌等方面强化政策与资金配套支持。天津市注重在一刻钟便民生活圈、商业数字化、夜间经济、老字号创新等重点领域出台管理和支持措施。

第二章　发展评估

本章从国际消费城市的内涵和功能出发,结合商务部"国际消费中心城市评估指标体系",充分借鉴国内外知名智库和机构的指数研究报告,广泛听取研究机构和高校院所相关专家学者的意见和建议,依据科学客观、国际可比、数据可得等原则,形成了国际消费中心城市指标框架和评估报告。从数据出发,客观评估全球主要国际消费城市的发展水平,揭示上海在全球消费城市中所处的位置,具备的优势和劣势,为更好推动上海国际消费中心城市建设提供国际视野和数据支撑。

一、国际消费中心城市指标体系设置

(一)评估框架体系

1. 总体考虑

国内外有关城市能级和功能的评估指标研究主要集中在城市综合竞争力,以及国际金融中心、国际贸易中心和国际科创中心的评估等方面,有关国际消费中心的评估指标研究较少。2019 年 10 月商务部印发《关于培育建设国际消费中心城市的指导意见》,并在同年12月公布《国际消费中心城市评价指标体系(试行)》,国内外相关研究机构开始关注国际消费中心城市评估指标体系的相关内容。2019年10月,上海财经大学课题组从"消费能级""消费能力""消费供给""消费环境"4个一级指标,14个二级指标构、47个三级指标,初步构建起国际消费城市评估指标体系。2019年12月,南财智库发布《国际消费中心城市竞争力报告(初评)》,从城市经济基础、国际消费影响力、国际消费便利度、城市消费品供给力和国际品牌渗透度5个维度,对国内20个城市的竞争力水平进行了测评。2021年2月,国际知名研究咨询机构仲量联行参考商务部《国际消费中心城市评价指标体系(试行)》的总体框架,发布《2020年全国"国际消费中心城市发展指数"》,对国内15个城市进行了评估排名。此外,广州[①]、重庆[②]等城市相关研究机构也进行了相关研究。总体来看,现有研究普遍从"国际消费中心城市"的概念界定出发,从支撑国际消费中心城市发展的消费水平、供给能力、国际影响力和政策支撑度等方面,构建相应的评估指标框架,并以对国内城市的评估排名为主。

2021年10月,商务部公布《培育国际消费中心城市总体方案》,发布《国际消费中心城市评估指标体系》[③],对2019年的试行版进行了调整和修改,确定从国际知名度、消费繁荣度、商业活跃度、到达便利度和政策引领度5个维度共25个二级指标来系统评估国内消费中心城市建设情况。

---

① 张小英:《国际消费中心城市评估指标体系构建及广州建设方案研究》,载《城市观察》2022年第3期,第21—36页。

② 汪婧:《基于熵权法的国际消费中心城市竞争力评价》,载《商业经济研究》2020年第21期,第189—192页。

③ 2021年版《国际消费中心城市评估指标体系》相对2019年版《国际消费中心城市评价指标体系(试行)》一级指标和二级指标均有新的调整。

我们从国际消费中心城市的共性特点和核心功能出发,突出国际化、大消费、中心性等功能属性,坚持国际视野的同时,兼顾国内城市的发展特点,尽量与商务部指标体系保持一致,初步形成适用国际和国内城市的国际消费中心城市评估指标体系。

体现国际化。城市本身是产业、经济、商贸资源的集聚体,国际消费中心城市必然是经济实力雄厚,对本国、区域乃至全球经济具有重要影响,拥有突出消费功能和地位的网络中心节点城市,在区域消费和经济活动中具有强大的辐射带动作用,在全球享有较高的国际声誉和地位。

关联大消费。"消费"界定了城市的主体功能,也构成国际消费中心城市指标框架的主体。"消费"既包括物质实体消费,也包括精神文化层面的消费,同时也与消费技术、消费业态,以及消费关联产业发展情况等密切相关,需要从城市消费市场繁荣程度、企业主体竞争实力和居民消费水平等方面进行整体考虑。

突出中心性。国际消费中心城市具有对全球消费资源的高度集聚和链接效应,拥有汇聚国际、渗透全球的交通和信息网络基础,为货流、商流、客流、资金流的全球化流动和高效配置提供保障,是全球或区域性消费枢纽节点。同时,承载起全球旅游目的地与客运枢纽、会议会展和商贸活动中心,以及大型赛会赛事中心的服务功能,是综合性的全球网络中心城市。

同时,指标体系设计注重科学性、系统性,数据的权威性和可得性,以及指标的延续性和可拓展性,为持续开展长期动态评估奠定基础。此外,指标体系力求客观反映国际消费中心城市的历史积淀和现实情况,也争取能反映出评估城市的发展变化情况和消费市场的最新发展特点。

2. 框架体系

我们从"国际知名度""消费繁荣度""商业活跃度""消费便利度""政策引领度"5个维度、25个具体指标,初步构建起国际消费中心城市的评价体系,量化评估全球主要国际消费城市的发展水平。

国际知名度。反映城市的国际地位和全球影响力,包括城市的服务功能和发展能级,经济、社会和文化活动的国际影响力,是国际消费中心建设的底层基础,直接影响消费的整体层次和国际化水平。"国际知名度"包括全球城市竞争力、城市经济规模、国际赛事影响力、国际会展和会议数量、世界文化遗产数量5个具体指标。

消费繁荣度。综合评价城市消费规模、消费结构、消费活跃程度和消费创新水平,是城市消费功能和消费能级的直接体现。"消费繁荣度"包括零售业销售规模、居民人均消费支出、境外游客消费规模、在线零售规模和夜生活繁荣水平5个具体指标。

商业活跃度。从供给端反映城市创造和满足消费需求的能力,包括品牌、商品、服务和消费设施的供给情况,本土品牌的发展情况,国际品牌的集聚情况,是衡量城市消费承载能力和供给品质的重要方面。"商业活跃度"包括城市地标商圈能级、全球知名零售和消费品牌企业集聚水平、国际奢侈品品牌网点数量、高端服务设施供给规模、文化设施供给规模5个具体指标。

消费便利度。对城市信息网络连接水平、城市交通可达性和消费便捷性进行综合评价,直接反映城市消费市场的国际化连接水平,影响消费者的消费体验度。"消费便利度"包括国际航班通达性、轨道交通运营里程、全球信息网络连接水平、便利性消费网点数量和免退税消费便利度5个具体指标。

政策引领度。综合衡量城市营商环境、开放水平、人员流动便利程度和政策创新水平,是城市软实力的体现,是影响国际消费中心城市建设的政策和环境因素。"政策引领度"包括城市营商环境、服务业对外开放水平、跨境贸易便利化水平、创新政策环境和入境免签政策5个具体指标。

表 2-1　国际消费中心城市评估指标体系框架

维　　度	序号	具体指标
国际知名度	1	全球城市竞争力
	2	城市经济规模
	3	国际赛事影响力
	4	国际会展和会议数量
	5	世界文化遗产数量
消费繁荣度	6	零售业销售规模
	7	居民人均消费支出
	8	境外游客消费规模
	9	在线零售规模
	10	夜生活繁荣水平
商业活跃度	11	城市地标商圈能级
	12	全球知名零售和消费品牌企业集聚水平
	13	国际奢侈品品牌网点数量
	14	高端服务设施供给规模
	15	文化设施供给规模
消费便利度	16	国际航班通达性
	17	轨道交通营运里程
	18	全球信息网络连接水平
	19	便利性消费网点数量
	20	免退税消费便利度
政策引领度	21	城市营商环境
	22	服务业对外开放水平
	23	跨境贸易便利化水平
	24	创新政策环境
	25	入境免签政策

3．指标说明

为确保数据来源的客观性和稳定性,本书指标体系的基础数据主要来自三个方面:一是各国家、各城市政府官方网站统计数据;二是全球权威研究机构、国际组织公开发布的研究报告中的统计数据、榜单排名和评估指数等;三是国际品牌,以及米其林指南和Booking.com 等相关机构官方网站统计数据。指标数据年份方面,根据数据的可得情况,以 2019 年和 2020 的年度数据为主体,兼顾疫情前的常态发展水平和疫情影响下的发展情况。另外,部分指标只有时点数据可查,则以编撰时的实时检索数据为准。

(1) 国际知名度

① 全球城市竞争力,反映城市在全球城市体系中的综合地位,包括城市在全球经济体系中所处的位置,与其他城市在社会、文化、产业发展中的互动关系。数据来源:科尔尼《全球城市指数 2021》。数据年份:2020 年。

② 城市经济规模,是城市消费能级的基础支撑,选取"地区生产总值"为衡量指标。数据来源:城市政府官方统计局网站或统计年鉴。数据年份:2019 年。

③ 国际赛事影响力,各城市在体育赛事方面的全球影响力,是提升城市国际知名度,扩大外来消费的重要支撑。综合考量城市赛事规模能级、影响范围、产业带动效应和消费促进效应等,选取 Burson Cohn & Wolfe《2020 年体育城市排名榜单》,结合 SPORTCAL 机构发布的《全球体育影响力城市排行榜》,进行城市排名综合评估。数据年份:2019 年。

④ 国际会展和会议数量,反映城市在展会经济和商务活动方面的影响力。采用各城市已落地举办(非停办)的国际展览联盟(UFI)认证展会数量和国际大会及会议协会(ICCA)认证的国际会议数量。

数据来源:国际展览联盟(UFI)官网和国际大会及会议协会(ICCA)年度统计报告。数据年份:"UFI 认证展会数量"2020 年;"ICCA 认证国际会议数量"2019 年。

⑤ 世界文化遗产数量,联合国教科文组织"世界遗产名录"中各城市拥有的世界文化遗产项目,反映城市文化的全球影响力和认同感。数据来源:联合国教科文组织官网。数据年份:实时数据,统计时间 2021 年 6 月。

(2) 消费繁荣度

① 零售业销售规模,指城市用于生活消费的零售端商品销售总额,反映城市商品购买力和城市零售市场的规模。数据来源:各城市政府官方统计局网站或统计年鉴数据。数据年份:2019 年。

② 居民人均消费支出,指居民用于日常生活消费所需的全部支出,包括商品消费支出和服务消费支出,反映城市居民的综合消费能力和消费水平。数据来源:各城市政府官方统计局网站或统计年鉴。数据年份:2019 年。

③ 境外游客消费规模,体现城市外来消费集客能力和消费国际化水平。数据来源:国外城市数据来自 Statista 网站统计数据,国内城市来源于旅游局统计公报。数据年份:2019 年。

④ 在线零售规模,反映城市数字化消费发展的能级水平。数据来源:各城市政府官方统计网站数据、权威在线消费研究机构报告。数据年份:2019 年。

⑤ 夜生活繁荣水平,体现城市消费的夜间活跃度和繁荣度。目前全球缺乏对夜间经济规模的统一统计指标,本书采用城市单位面积夜间灯光强度来衡量夜间消费的繁荣程度。数据来源:中国科学院中国遥感卫星地面站夜间灯光强度数据。数据年份:2019 年。

（3）商业活跃度

① 城市地标商圈能级，地标商圈是消费的载体、城市的名片，是国际消费中心城市的关键支撑。将城市地标商圈租金水平作为衡量指标，反映城市地标商圈在全球商业发展中的地位和竞争力。数据来源：戴德梁行（原高纬环球）《世界主要商街 2019》（Main Streets Across the World 2019）。数据年份：2019 年。

② 全球知名零售和消费品牌企业集聚水平，包括全球 50 强零售企业入驻数量和全球百强消费品企业拥有数量两个指标，从国际品牌集聚和本土消费品牌发展两个维度评估城市消费市场的品牌供应能力和全球资源要素配置能力。数据来源：德勤《零售的力量 2020》排名前 50 强零售企业官网全球网点信息数据；"2021 年全球百强消费品企业"（Top 100 Consumer Goods Companies of 2021）上榜企业全球总部所在城市信息。数据年份："全球 50 强零售企业入驻数量"为实时数据，统计时间 2021 年 3 月；"全球百强消费品企业拥有数量"为 2020 年数据。

③ 国际奢侈品品牌网点数量，体现城市对高端消费品牌的吸引力，反映城市高端产品和服务的供给水平和全球市场地位。采用 Brandirectory 机构评选的全球最具价值的 20 强奢侈品品牌在各城市的门店和专柜数量。数据来源：品牌官网统计信息。数据年份：实时数据，统计时间 2021 年 6 月。

④ 高端服务设施供给规模，衡量城市高品质服务设施供给水平，选取城市所拥有的"五星级酒店数量"和"米其林星级餐厅数量"，反映高端住宿和餐饮行业的供给情况。数据来源：Booking.com、携程、米其林官方网站。数据年份："五星级酒店数量"为 2020 年数据；"米其林星级餐厅数量"为实时数据，统计时间 2022 年 6 月。

⑤ 文化设施供给规模，反映城市精神文化层面消费的供给水

平,选取"博物馆数量"和"剧院音乐厅数量"对国际消费中心城市文化消费设施的供给状况进行评估。数据来源:Statista Tourism Worldwide、《中国专业剧场年度报告》等。数据年份:"博物馆数量" 2019 年;"剧院音乐厅数量"2018 年。

(4) 消费便利度

① 国际航班通达性,选取城市国际机场航线数量和联通的境外城市数量,衡量城市与世界联通的程度,吸引外来消费的交通便利度。数据来源:飞常准航线图(Variflight Map)网站统计信息。数据年份:2019 年。

② 轨道交通运营里程,反映城市公共交通体系的完善程度,是轨交枢纽 TOD 商圈发展的重要依托。数据来源:《2020 年世界城市轨道交通运营统计与分析》和《2020 年中国城市轨道交通行业分析》报告。数据年份:2020 年。

③ 全球信息网络连接水平,选取"华为全球连接指数"对城市信息基础设施建设水平进行评估。数据来源:华为官网。数据年份: 2020 年。

④ 便利性消费网点数量,选取"便利店网点数量"进行测度,反映城市社区消费服务网络的健全程度和城市基础生活消费的便利化水平。数据来源:2020 年中国便利店发展报告(毕马威)和 google 地图搜索统计。数据年份:实时数据,统计时间 2020 年 12 月。

⑤ 免退税消费便利度,选取"免税店数量与销售规模""退税消费起退额"和"离境退税店数量"来综合评价城市的免退税消费便利化水平。数据来源:全球旅游零售行业权威媒体"穆迪戴维特报告" (The Moodie Davitt Report)评选的全球 top10 免税店集团及本土主要免税企业官网实时数据;各国退税相关政策。数据年份:实时数据,统计时间 2021 年 6 月。

（5）政策引领度

① 城市营商环境,采用世界银行《全球营商环境报告2020》中各国营商环境综合得分,对城市营商环境的优良水平进行测度。数据来源:世界银行《全球营商环境报告2020》。数据年份:2019年。

② 服务业对外开放水平,选取经济合作与发展组织（OECD）"服务业FDI限制指数"和"服务贸易限制指数"两个指标,综合评估服务业对外开放程度。数据来源:OECD FDI Regulatory Restrictiveness Index；OECD Services Trade Restrictiveness Index。数据年份:2020年。

③ 跨境贸易便利化水平,选用世界银行《全球营商环境报告2020》中"城市跨境贸易便利度指数",从城市对外贸易的政策合规成本和通关便利化水平对城市国际贸易的便利化程度进行测度。数据来源:世界银行《全球营商环境报告2020》,数据年份:2019年。

④ 创新政策环境,采用世界知识产权组织《全球创新指数2020》中政治环境、监管环境和商业环境三个分指标,综合评估城市创新发展环境的优良度。数据年份:2020年。

⑤ 入境免签政策,选取免签国家或地区数量,以及免签时长进行综合测评,反映城市对国际旅客和商务客群入境的开放度和政策便利度。数据来源:各国出入境管理相关政策。数据年份:实时数据,统计时间2021年3月。

（二）评估城市选择

1. 评估城市遴选

为保证评估城市覆盖范围的客观性和权威性,以全球知名研究机构相关城市排名报告为基础,综合科尔尼公司《全球城市指数2020》与《全球城市营商环境指数2020》、日本森纪念财团《全球城市实力指数报告(GPCI)2020》、Resonance《全球最佳城市排名2021》、欧睿国际《全球旅游目的地城市百强排名2019》等城市榜单,遴选出候选城市名单。然后,选取国际消费中心城市评估指标体系的核心指标进行初步排名,确定出具有综合优势和单项优势城市,形成预评估城市名单。最后,通过专家评议的方式,按照能级对等、地域均衡、发展路径多元等原则,综合考虑国家战略、城市数据可得性等因素,最终确定纽约、伦敦、巴黎、东京、中国香港、新加坡、迪拜7个境外城市,以及上海共8个城市作为样本城市,进行横向比较评估。

其中,纽约、伦敦、巴黎和东京等是世界公认的综合型国际消费中心城市,现代商业的先发优势,以及高能级企业和品牌的集聚优势,使这4个城市在城市消费能级、产业支撑、消费引领和消费体验等方面具有领先优势。中国香港、新加坡、迪拜是全球主要的自贸中心和区域航空枢纽,具有对外开放门户城市特征,开放基因让这3个城市具备发展成为特色型国际消费城市的基础条件,外来消费吸引力较强,政策性支撑对这一类城市迅速提升消费市场辐射力和影响力具有重要作用。上海是我国消费基础最好的城市之一,在消费创新发展方面走在全国前列。因此,本书将上海作为我国培育建设国际消费中心城市首批5个试点城市的代表城市纳入评估范围。

此外,在全球化发展进程中,产业链分工还形成诸如时尚消费之都意大利米兰、钻石交易之都比利时安特卫普、医疗旅游消费之都瑞士蒙特勒等专业化国际消费中心城市,以其专业领域独特的资源禀赋和产业集聚、技术引领优势,发展成为特定领域的全球消费中心。但基于国内试点城市的基础条件和综合性发展方向,以及城市数据的可得性,未将这些专业性国际消费城市纳入评估范围。

2. 评估城市规模尺度界定

国际消费中心城市研究,有一个城市规模和空间尺度相对应的问题。其中城市规模主要指城市人口规模和经济规模,空间尺度则指统计指标所对应的地域范围。我们遵循行政边界完整(保证城市数据可得)、发展能级对等(综合评估区域人口、经济规模等指标,保持城市规模基本可比)、功能承载区完整纳入等原则,对样本城市的空间范围作出界定。

(1) 巴黎,划定范围为巴黎大区,又称法兰西岛大区(Ile-De-France),区域面积 12012 平方千米(其中巴黎市面积为 105 平方千米),2020 年人口 1228 万,地区生产总值(以下简称 GDP)7101 亿欧元(约合 8104 亿美元)。①

(2) 纽约,划定范围为纽约市(New York City),下辖曼哈顿区(Manhattan)、布朗克斯区(The Bronx)、布鲁克林区(Brooklyn)、皇后区(Queens)和斯塔滕岛(Staten Island),市区面积 784 平方千米,2020 年年中人口数 823 万(美国人口普查局预估),地区 GDP 总额 10217 亿美元。②

(3) 东京,划定范围为东京都,区域面积约 2188 平方千米(城区面积 621 平方千米),2020 年总人口 1396 万,2019 年名义 GDP 约为 107.7 万亿日元(约合 9885 亿美元)。③

(4) 伦敦,划定范围为大伦敦(Greater London),区域面积 1577 平方千米(其中伦敦市面积为 2.9 平方千米),2020 年年中总人口约 900 万人,地区 GDP 为 5039 亿英镑(约合 6467 亿美元)。④

(5) 上海,划定范围上海市,城市总面积 6341 平方千米,2020 年地区常住人口 2488 万人,地区 GDP 达到人民币 38701 亿元(约合

---

① 数据来源:法国国家统计局(INSEE),https://www.insee.fr/。
② 该数据为纽约市下辖五个区 GDP 数值合计,数据来源:纽约州政府官网,https://www1.nyc.gov/。
③ 数据来源:東京都の統計,https://www.toukei.metro.tokyo.lg.jp/。
④ 数据来源:英国国家统计局网站,https://www.ons.gov.uk/,大伦敦各地区加总数据。

5609 亿美元）。①

（6）中国香港，划定范围为香港全域，陆地面积 1110 平方千米，2020 年年中总人口 748 万人，地区 GDP 为 26885 亿港币（约合 3466 亿美元）。②

（7）新加坡，划定范围为新加坡全域，国土面积 729 平方千米，2020 年末总人口为 569 万人，国内生产总值（GDP）4691 亿新元（约合 3402 亿美元）。③

（8）迪拜，划定范围为迪拜市，城市面积约为 4114 平方千米，2020 年人口约为 339 万，2019 年迪拜生产总值为 4074 亿迪拉姆（约合 1109 亿美元）。④

表 2-2 评估城市范围与规模一览表

城　市	所属国家	范围 （平方千米）	人口* （万人）	地区生产总值** （亿美元）	备注***
巴黎大区	法　国	12012	1228	8104	2020 年
纽约市	美　国	784	823	10217	2020 年
东京都	日　本	2188	1396	9885	2019 年
伦　敦	英　国	1577	900	6467	2020 年
上海市	中　国	6341	2488	5609	2020 年
中国香港	中　国	1110	748	3466	2020 年
新加坡	新加坡	729	569	3402	2020 年
迪　拜	阿联酋	4114	339	1109	2019 年

注：* 地区人口统计年份 2020 年。

　　** 地区生产总值按照当年平均汇率统一折算为美元。

　　*** 为各城市生产总值统计年份。

① 数据来源：《上海统计年鉴 2021 年》。
② 数据来源：《香港统计年刊 2021 年版》。
③ 数据来源：新加坡政府统计局，https://www.singstat.gov.sg/。
④ 数据来源：迪拜数据中心，https://www.dsc.gov.ae/。

(三) 指标权重与指数计算

1. 指标权重的确定

本次评估采用国际上通行的"逐级等权重法"(Gradual Equal Weight，GEM)确定评价指标的权重。具体而言：整体指标准则层权重为 100%，即同一层级指标权重相加为 1；评估体系一级指标的权重为 $1/k \times 100\%$(k 为该级指标的个数)；在该级指标下，次级指标的权重为 $1/m \times 100\%$(m 为次级指标的个数)，次级指标的最终权重为 $1/(k \times m) \times 100\%$；依此类推。

由此，本指标体系内，"国际知名度""消费繁荣度""商业活跃度""消费便利度""政策引领度"5 个维度的指标权重均为 20%；其下均设有 5 项具体指标，在对应评估维度下，统一权重为 20%，25 项具体指标的最终权重为 4%。

2. 原始数据的标准化

针对数值型指标数量级之间的悬殊差异，对指标原始数据采用线性阈值法[①]进行无量纲化处理，将指标原始数值与指标阈值对比，得到数值位于[0—1]的标准化指标值。

具体指标计算分为两大类。

① 数值越大越优型指标计算公式，如经济规模、设施规模等：

$$A_i = 1 - \frac{\max(X_i) - X_i}{\max(X_i)}, \ 即 \frac{X_i}{\max(X_i)}$$

式中：X_i 为评估城市指标原始数值，i 为评估城市，$1 \leqslant i \leqslant n$($n$ 为评估城市个数)；$\max(X_i)$ 是指评估城市指标原始数值的最大值。

---

① 阈值也称临界值，是指衡量事物发展变化的一些特殊指标值，如极大值、极小值等，阈值法就是通过实际值与阈值对比得到无量纲化指标值的方法。

② 数值越小越优型指标计算公式,如城市排名,限制指数①等:

$$A_i = 1 - \frac{X_i - \min(X_i)}{\max(X_i)},$$

式中:X_i 为评估城市指标原始数值,i 为评估城市,$1 \leqslant i \leqslant n$($n$ 为评估城市个数);一般情况下,$\max(X_i)$ 是指评估城市指标原始数值的最大值,$\min(X_i)$ 是指评估城市指标原始数值的最小值。

注:在排名类指标上,基于评估城市在全球城市中整体处于领先水平,$\max(X_i)$ 采用评估城市实际排名的最大值,则将导致末位城市标准化指标值过低,与其他城市之间的指标值差异度偏离实际差异。因此,排名类指标中,$\max(X_i)$ 选取数据来源报告中,实际公布参评城市排名最大值。

3. 指数计算

25 项指标分值为该项指标下指标原始数值的标准化值进行百分制后的平均值,评分的取值范围为[0—100]。计算公式为:

$$Z = \frac{\sum_{i=1}^{n} A_i \times 100}{n}$$

式中:Z 为指标分值,A_i 为指标原始数值的标准化值,i 为评估城市,n 为指标项下原始数据项的个数。

5 个评估维度分值为其下各指标的加权之和。计算公式为:

$$F = \sum_{i=1}^{n} W_i Z_i$$

式中:F 为维度指标分值,Z_i 为百分制后的指标分值,W_i 为指

---

① 限制性指数是指衡量系统约束性、自由化程度的指标。在本指标框架中具体为服务业 FDI 限制指数、服务贸易限制指数等。

标权重值,i 为评价城市,n 为维度指标下对应的指标个数。

同时,为解决 5 个评估维度分值区间分布差异问题(即指数计算过程中出现大数值过分支配小数值区间的现象,评估城市 5 个维度分值区间存在较大差异,偏离评估城市之间的实际差异水平),保持各评估城市 5 个维度分值的相对合理分布,更好实现横向可比,对维度分值进行线性归一化处理,并以百分制形式表现。

最终,国际消费中心城市综合指数分值,为各维度指标分值加权之和,计算方法同维度分值的计算。

二、国际消费中心城市指数评估

(一)综合指数评估

通过对纽约市、大伦敦、巴黎大区、东京都、中国香港、迪拜、新加坡、上海 8 个城市进行量化比较分析,巴黎大区综合得分 91.0 分,位居首位,是名副其实的全球消费之都。纽约市(90.3)、东京都(88.4)和大伦敦(87.6)分别位列第二、第三和第四。排名前四的城市综合指数得分差距较小,六个一级指标总体保持均衡发展,处于第一梯队,属于全球引领性的国际消费中心城市。上海综合得分 81.2 分,领先中国香港(80.0)和新加坡(76.5),在 8 个城市中排名第五。上海与巴黎大区、纽约市、东京都、大伦敦等公认的国际消费中心城市仍有差距,与中国香港、新加坡同处于第二梯队,在部分指标上具有相对领先优势。迪拜(69.3)处于第三梯队,外来消费优势显著,但综合实力仍有所不足。

表 2-3　国际消费中心城市综合指数及五大维度排名

城　　市	综合指数		五大维度排名				
	得分	排名	国际知名度	消费繁荣度	商业活跃度	消费便利度	政策引领度
巴黎大区	91.0	1	1	5	1	3	3
纽约市	90.3	2	4	1	2	4	7
东京都	88.4	3	2	4	4	1	5
大伦敦	87.6	4	3	2	3	5	4
上海市	81.2	5	5	3	6	2	8
中国香港	80.0	6	6	7	5	6	2
新加坡	76.5	7	7	6	7	7	1
迪　拜	69.3	8	8	8	8	8	6

从国际消费中心城市的"国际化"水平来看,以巴黎大区、纽约市、东京都、大伦敦等为代表的知名国际消费中心城市在经济、商贸、文化交流方面占据全球主导地位,在零售企业跨国经营水平、消费品牌全球影响力、消费载体全球辐射力、消费资源全球集聚力上具有绝对优势,在消费国际化水平方面具有较高的成熟度。迪拜、中国香港、新加坡等城市依托优越的地理区位和具有竞争力的配套政策,旅游观光型消费特征显著,国际化消费占比较高。相比以上 7 个城市,上海在消费的国际化水平上仍存在明显短板。

从"消费"市场特性来看,巴黎大区、纽约市、东京都、大伦敦等知名国际消费中心城市在本土高端产品供给、全球时尚潮流引领,以及本土零售品牌企业能级方面具有显著优势。上海、迪拜、新加坡等国际消费城市,在本土品牌发展方面缺乏足够的全球竞争力,全球龙头型消费品牌企业缺失,在全球龙头零售企业(渠道品牌)的发展培育上存在不足;但因市场规模或政策因素,表现出对跨国零售品牌的较强吸聚能力,在国际零售品牌集聚水平上具有一定优势。相比知名的国际消费中心城市,这些后起消费城市的相对优势主要集中在全球化的商品供给、高品质的消费载体和硬件设施,引领需求的新业态和新模式等方面。在文化、娱乐、体育消费方面,发展历史悠久的欧美中心城市具有领先优势,上海在文化设施建设和文化消费市场培育方面正在取得明显进步。

从"中心化"趋势来看,由于在经济实力、产业基础和品牌影响力方面的综合优势,巴黎大区、纽约市、东京都、大伦敦等城市具有极为稳固的全球消费中心地位。中国香港、迪拜、新加坡因地理位置因素和自由贸易政策推动,具有区域性消费中心特征。中国香港在发展历史上承接着东西方在产业、贸易、文化方面的链接职能,形成了其在亚洲地区的先发优势,依托具有竞争优势的贸易和旅游政策,成为国际消费中心的重要一极。但由于本地消费市场增长潜力不足、产业经济发展遇到瓶颈,中国香港的消费中心地位正受到不断崛起的周边城市的挑战。以上海为代表的中国内地城市则依托强大的国内市场,通过新技术应用和基础设施建设,促进城市消费硬件的完善和消费便利度的提升,加快提升中心化水平。

(二) 城市综合分析

1. 上海市国际消费中心城市建设指数评估

上海市综合得分81.2分,在8个评估城市中排名第5位。高标准的城市现代化建设,推动商业硬件配套和基础性保障设施建设全面提速,上海消费便利度整体保持领先。巨大的消费市场规模和突出的消费创新活力,助力上海消费繁荣度处于上游发展水平。上海国际知名度、商业活跃度总体略有不足,政策引领度是主要的短板。

从国际知名度看,上海位居中位排名第五。上海国际展会规模保持领先,城市国际地位、世界文化遗产数量指标落后。上海UFI认证展会举办数量位列 8 个评估城市首位，2020 年已落地举办的 UFI 认证展会数量达到 28 个，"国际会展之都"建设成效显著。科尔尼《全球城市指数 2021》数据显示，上海城市竞争力位列全球第 10 位，比 2020 年提升 2 个名次，但在 8 个评估城市中仅排名第 7。上海国际知名体育赛事影响力排名第 5，国际赛事的规模能级和全球影响力较纽约、伦敦和巴黎等仍有差距。上海缺失世界文化遗产，缺乏世界级文化地标对国际游客的吸引。

从消费繁荣度看，上海仅次于纽约和伦敦排名第三。上海网络消费规模、零售业总体规模处于领先，人均消费规模和境外消费吸引力仍有短板。2019 年上海在线零售规模达到 563.4 亿美元[①]，排名 8 个评估城市首位，是纽约在线零售额的近 2 倍。但上海居民人均消费支出排名第 8，规模不足纽约、中国香港等城市的 1/4。2019 年上海以 83.8 亿美元的境外游客消费规模[②]位居国内城市首位，但在 8 个评估城市中排名末位，总消费规模不足排名首位的迪拜的 1/3，纽约、伦敦、新加坡、中国香港等城市的 1/2。从城市夜间灯光强度衡量的夜生活活跃度看，上海排名第 6。

从商业活跃度看，上海综合实力位列第六。上海高端服务设施供给排名靠前，高端奢侈品品牌门店数量和本土品牌发展排位落后。上海五星级酒店和米其林星级餐厅等高端服务设施数量总体排名第 2，仅次东京都，领先纽约和巴黎等城市，其中星级酒店优势明显。截至 2020 年底，上海五星级酒店（含五星级品质）超过 190 家[③]，位居 8 个评估城市首位。但米其林星级餐厅数仅有 47 家[④]，不到排

① 上海通过互联网实现的商品销售额（零售类），用当年美元汇率进行折算。
② 数据来源：2019 年上海旅游业统计公报、上海文化旅游局官网，https://whlyj.sh.gov.cn/。
③ 2020 年携程、Booking 网站各城市五星（包括达到五星标准的五钻酒店）及以上品质酒店统计数据。
④ 数据来源：米其林指南官网，https://guide.michelin.com/en/。

名第 1 东京都的 1/4。上海地标商圈国际竞争力较为不足,2019 年城市核心地标商圈租金水平排名 8 大城市第 6。上海博物馆、专业剧院和音乐厅等城市文化消费设施指标排名第 5,场馆数量不足排名第 1 的巴黎的 1/2。文化演出市场的发展规模与市场成熟度远低于纽约、伦敦等城市,专业化、市场化运作能力仍有较大提升空间。上海高端奢侈品品牌门店及专柜数量排名 8 大城市末位,全球前 20 强奢侈品品牌门店和专柜数量不足排名第 1 的巴黎的 1/5。[①]消费相关企业主体能级不高,全球百强消费品企业中上海本土企业缺失,全球 50 强零售企业入驻数量 17 个,落后纽约、伦敦、巴黎,与中国香港并列第 4。

从消费便利度看,上海仅次于东京都位列第二。上海城市交通便捷度、便利性消费网点数量优势明显,但免退税消费便利化水平仍有提升空间。截至 2020 年底,上海轨道交通运营里程达到 729.2 千米[②],位居 8 个评估城市首位,对城市商业发展起到积极支撑和推动作用。毕马威《2020 年中国便利店发展报告》数据显示,截至 2019 年上海拥有便利店数量达到 6430 家,仅次于东京都,位列 8 个评估城市第 2。上海国际航班通达性水平排名第 8,国际城市联通数量、国际航线数量约为巴黎、伦敦、纽约等城市的 1/2。上海免退税消费便利度排名第 6,浦东机场免税销售规模在全球机场中排名前列,但退税网点数量、退税流程便利化水平尚有差距。

从政策引领度看,上海短板明显排名第八。上海城市营商环境、服务业对外开放水平、免签政策和创新政策环境均有优化提升空间。世界银行《全球营商环境报告 2020》数据显示,上海营商环境综合指

---

① Brandirectory 机构评选的全球最具价值的 20 强奢侈品牌,各品牌官网发布的品牌门店及专柜数量实时统计信息(统计时间:2021 年 6 月)。

② 数据来源:《2020 年城市轨道交通运营数据速报》,交通运输部、北京交通数据,2021 年 1 月。

数得分 77.0,8 大城市排名第 7。上海服务业对外开放水平排名 8 大城市末位,上海服务业 FDI 限制指数、服务贸易限制指数显著高于纽约、伦敦、巴黎、东京等城市。但是从纵向发展看,2020 年上海两大限制指数较 2018 年分别下降了 0.048 和 0.029,表明上海在服务业开放水平方面有了较大的提升。上海跨境贸易便利化水平排名 8 个评估城市第 6,对标经合组织高收入经济体,2020 年上海跨境贸易进口边界合规和单证合规的平均耗时和耗费水平均为其两倍以上,政策性耗费和管理效率仍有较大优化空间。世界知识产权组织《全球创新指数 2020》数据显示,上海创新政策环境指标在 8 个评估城市中排名第 8,支持市场创新的环境有待优化。上海入境签证政策排名第 6,免签证国家数不足中国香港、新加坡等城市的 1/3,2020 年初江浙沪 144 小时过境免签政策实施四年,上海口岸办理临时入境许可的外籍旅客仅为 20 万人次[①],144 小时入境免签政策效应尚未充分发挥。

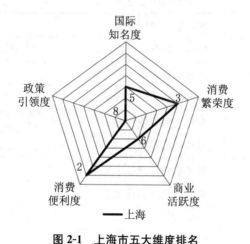

图 2-1　上海市五大维度排名

① 数据来源:中国新闻网记者陈静:《新闻报道"江浙沪 144 小时过境免签政策四周年 20 万人次外籍旅客受益"》2020 年 2 月,http://www.sh.chinanews.com.cn/shms/。

表 2-4　上海市评估指标排名情况

维度	序号	具体指标	上海排名
国际知名度	1	全球城市竞争力	7
	2	城市经济规模	5
	3	国际赛事影响力	5
	4	国际会展和会议数量	1
	5	世界文化遗产数量	6
消费繁荣度	6	零售业销售规模①	2
	7	居民人均消费支出	8
	8	境外游客消费规模	8
	9	在线零售规模	1
	10	夜生活繁荣水平	6
商业活跃度	11	城市地标商圈能级	6
	12	全球知名零售和消费品牌企业集聚水平	6
	13	国际奢侈品品牌网点数量	8
	14	高端服务设施供给规模	2
	15	文化设施供给规模	5
消费便利度	16	国际航班通达性	8
	17	轨道交通营运里程	1
	18	全球信息网络连接水平	6
	19	便利性消费网点数量	2
	20	免退税消费便利度	6
政策引领度	21	城市营商环境	7
	22	服务业对外开放水平	8
	23	跨境贸易便利化水平	6
	24	创新政策环境	8
	25	入境免签政策	6
综合排名			**5**

① 上海零售业销售规模是指上海批发和零售业零售额,是上海社会消费品零售总额中剔除住宿和餐饮业零售额剩下的部分。

2.四大综合型国际消费中心城市指标评估

(1)巴黎大区

巴黎大区(以下简称"巴黎")综合得分 91.0 分,位列 8 个评估城市首位。欧洲经济一体化,为巴黎城市发展提供了广阔的市场和充足的资源。巴黎在国际知名度和商业活跃度方面均位列第 1,其消费便利度、政策引领度均排名第 3,消费繁荣度排名第 5,各方面总体发展较为均衡,综合领先优势较为明显。

巴黎作为欧洲的经济中心城市和历史文化中心,国际知名度在 8 个评估城市中处于绝对领先地位。巴黎拥有 5 处世界文化遗产,排名 8 个城市首位。巴黎国际会展会议功能强大,据 ICCA 国际大会及会议协会统计,2019 年巴黎举办的国际会议数量达到 237 个,位居全球城市首位。

巴黎同时也是全球的时尚中心和品牌中心,品牌总部集聚,商业品牌价值与城市资源价值之间实现优化组合,是巴黎作为国际消费中心城市的魅力所在。通过对全球主要奢侈品品牌官方网站数据进行统计,巴黎全球前 20 强奢侈品品牌门店和专柜数量达到 1285 个[1],国际奢侈品品牌网点数为 8 个评估城市第 1,是排名第二位东京都的近 2 倍,显示出巴黎无可争议的全球奢侈品和时尚之都地位。巴黎文化产业和文化消费市场发达,截至 2019 年,巴黎以 297 座注册博物馆数量[2]居 12 个城市首位。城市围绕优质历史文化场馆和旅游资源,打造商业集群和都市夜生活活力区域,实现商旅文的融合发展。

作为欧洲重要的交通和商贸枢纽,巴黎"跨境贸易便利化水平"排名 8 大城市第 1,口岸贸易的时效和成本方面具有全球竞争力。巴黎国际航班通达性优势显著,国际航班通达性位列 8 大城市之首,国

---

① 项目研究过程中实时统计数据,数据信息检索时间 2021 年 6 月。

② 数据来源:Statista Tourism Worldwide。

际航线和联通城市数量分别达到上海的 3.7 倍和 2.7 倍①,体现出明显的消费枢纽的特点。

图 2-2 巴黎大区五大维度排名

表 2-5 巴黎大区指标排名情况

维度	序号	具体指标	巴黎大区排名
国际知名度	1	全球城市竞争力	3
	2	城市经济规模	3
	3	国际赛事影响力	3
	4	国际会展和会议数量	2
	5	世界文化遗产数量	1
消费繁荣度	6	零售业销售规模	5
	7	居民人均消费支出	4
	8	境外游客消费规模	6
	9	在线零售规模	5
	10	夜生活繁荣水平	8
商业活跃度	11	城市地标商圈能级	4
	12	全球知名零售和消费品牌企业集聚水平	3
	13	国际奢侈品品牌网点数量	1
	14	高端服务设施供给规模	4
	15	文化设施供给规模	1

① 根据 Variflight Map 网站国际机场航线数据分析所得。

维度	序号	具体指标	巴黎大区排名
消费便利度	16	国际航班通达性	1
	17	轨道交通营运里程	4
	18	全球信息网络连接水平	5
	19	便利性消费网点数量	5
	20	免退税消费便利度	5
政策引领度	21	城市营商环境	8
	22	服务业对外开放水平	4
	23	跨境贸易便利化水平	1
	24	创新政策环境	6
	25	入境免签政策	4
综合排名			1

（2）纽约市

纽约市综合得分 90.3 分,以 0.7 分的微弱差距落后于巴黎,在 8 个评估城市中位列第 2。从评估维度看,纽约在消费繁荣度和商业活跃度方面优势明显,分别排名第 1 和第 2,政策引领度是相对弱项,排名第 7。从具体指标看,纽约市的发展具有不均衡性,25 个具体指标中有 8 个指标位居 8 个评估城市之首,同时也有 4 个指标在 8 个城市中排名末位。

纽约在消费繁荣度和商业活跃度上具有较大领先优势,体现出纽约消费市场的繁荣和强大。作为全球最大的城市经济体,纽约在"零售业销售规模""居民人均消费支出""夜生活繁荣水平"三项指标上,均占据榜首,且与第 2 名拉开较大差距。同时,纽约也是拥有全球知名零售和消费品牌企业最多的城市,全球 50 强零售企业有 26 个入驻纽约,全球百强消费品企业全球总部共有 9 家,高能级消费相关企业主体为城市消费市场的繁荣提供了基础。纽约文化消费繁荣,剧院音乐厅数量上,纽约以 652 座高居榜首。①

---

① 数据来源:Statista Tourism Worldwide。

在国际知名度的评估中,纽约"全球城市竞争力""城市经济规模"及"国际赛事影响力"均排名首位,但"国际会展和会议数量"在8个评估城市中排名第8。纽约作为全球两个 Alpha＋＋城市之一,在全球城市竞争力指数上处于领先地位,科尔尼《全球城市指数2021》中排名全球城市第1。2019年纽约市地区生产总值达到10651亿美元①,排名8个评估城市首位。纽约体育产业链完善,知名国际赛事集聚,国际赛事影响力排名8个评估城市首位。相较于其他国际消费中心城市,纽约本身会展产业发展相对较弱,相关功能由周边城市进行配套,表现出明显的产业梯度转移和联动发展效应。

消费便利度方面,纽约分项指标"全球信息网络联接水平"排名第1,但免退税消费便利度排名第8。政策引领度方面,"城市营商环境"排名第3,但"入境免签政策"排名末位。由于纽约在经济、文化、科技、娱乐与时尚方面具有很强的全球影响力,使得其在免退税消费便利度(无离境退税政策)、入境免签政策存在明显短板的情况下,仍能每年吸纳近200亿美元的境外游客消费(新冠疫情暴发前),境外消费规模排名8个评估城市第4。

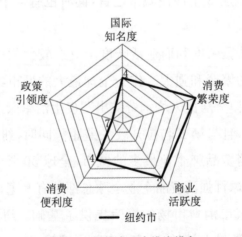

图 2-3　纽约市五大维度排名

① 数据来源:纽约市政府网站,https://comptroller.nyc.gov/。

表 2-6 纽约市指标排名情况

维度	序号	具体指标	纽约市排名
国际知名度	1	全球城市竞争力	1
	2	城市经济规模	1
	3	国际赛事影响力	1
	4	国际会展和会议数量	8
	5	世界文化遗产数量	4
消费繁荣度	6	零售业销售规模	1
	7	居民人均消费支出	1
	8	境外游客消费规模	4
	9	在线零售规模	2
	10	夜生活繁荣水平	1
商业活跃度	11	城市地标商圈能级	2
	12	全球知名零售和消费品牌企业集聚水平	1
	13	国际奢侈品品牌网点数量	5
	14	高端服务设施供给规模	8
	15	文化设施供给规模	2
消费便利度	16	国际航班通达性	4
	17	轨道交通营运里程	3
	18	全球信息网络连接水平	1
	19	便利性消费网点数量	3
	20	免退税消费便利度	8
政策引领度	21	城市营商环境	3
	22	服务业对外开放水平	6
	23	跨境贸易便利化水平	4
	24	创新政策环境	4
	25	入境免签政策	8
综合排名			2

（3）东京都

东京都综合得分 88.4 分,在 8 个评估城市中位列第 3 位。从 5 大维度看,东京都消费便利度在 8 个评估城市中排名首位,国际知名度排名第2,消费繁荣度、商业活跃度和政策引领度分别位列第4、第4和第5位。

东京都是一个人口严重老龄化的城市,也是一个消费高度便捷的城市。分项指标中,东京都"便利性消费网点数量"排名第1,"免退税消费便利度"仅次于中国香港排名第2,"全球信息网络连接水平"排名第3。东京都在便利性消费网点发展上,处于全球领先水平,便利店数量接近8000家,排名8个评估城市首位,品牌连锁、流通渠道优势显著。东京都是全球退税购物最便捷的城市之一,离境退税网点数达到14434个[①],排名8个评估城市首位。

除了持续提升消费便利度,大力发展免税业,东京都还注重培育本土特色品牌,吸引集聚国际品牌,发展高端体验业态。具体指标中,东京都"高端服务设施供给规模"排名第1,"国际奢侈品品牌网点数量""全球知名零售和消费品牌企业集聚水平"等指标位列第2。在米其林星级餐厅数量上,东京都以202家居全球首位。[②]东京都在本土品牌的培育发展方面优势突出。东京都共拥有花王、资生堂等9个全球百强消费品企业,与纽约并列第1。

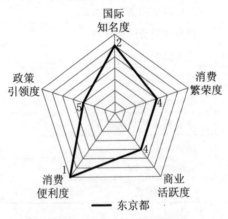

图2-4 东京都五大维度排名

① 截至2021年3月东京都离境退税网点数量,数据来源:https://taxfree-tokyo.jp/。
② 数据来源:米其林指南官网,https://guide.michelin.com/en/。统计时间:2022年6月。

表 2-7　东京都指标排名情况

维度	序号	具体指标	东京都排名
国际知名度	1	全球城市竞争力	4
	2	城市经济规模	2
	3	国际赛事影响力	4
	4	国际会展和会议数量	6
	5	世界文化遗产数量	2
消费繁荣度	6	零售业销售规模	4
	7	居民人均消费支出	6
	8	境外游客消费规模	7
	9	在线零售规模	4
	10	夜生活繁荣水平	5
商业活跃度	11	城市地标商圈能级	5
	12	全球知名零售和消费品牌企业集聚水平	2
	13	国际奢侈品品牌网点数量	2
	14	高端服务设施供给规模	1
	15	文化设施供给规模	4
消费便利度	16	国际航班通达性	5
	17	轨道交通营运里程	5
	18	全球信息网络连接水平	3
	19	便利性消费网点数量	1
	20	免退税消费便利度	2
政策引领度	21	城市营商环境	6
	22	服务业对外开放水平	5
	23	跨境贸易便利化水平	7
	24	创新政策环境	3
	25	入境免签政策	5
综合排名			3

（4）大伦敦

大伦敦（以下简称"伦敦"）综合得分 87.6 分，在 8 个评估城市中位列第 4 位。不同于巴黎、纽约在部分指标上具有突出的首位优势，伦敦在各项指标排名上表现出相对均衡发展的特点。

从 5 大维度看,消费繁荣度和商业活跃度具有相对优势,分别排名第 2 和第 3,且相关具体指标表现出明显的均好性,10 个具体指标排名均位列前五位,为 8 个城市中仅有,体现出伦敦消费市场具有较强的综合性和基础性优势。欧盟的一体化发展,为伦敦提供了广大的客源市场,伦敦疫情前境外游客消费超过 200 亿美元,规模位居 8 个评估城市第 3(仅次于迪拜、新加坡),但伴随英国脱欧,这一优势面临挑战。

伦敦国际知名度排名 8 个评估城市第 3 位,城市"全球城市竞争力""国际赛事影响力"及"世界文化遗产数量"均排名第 2。与巴黎相类似,伦敦在产业、经济、文化、体育等多个领域的综合性优势为城市商业零售确立全球市场影响力奠定了基础。

伦敦政策引领度排名 8 个评估城市第 4 位,其中"城市营商环境""服务业对外开放水平"和"跨境贸易便利化水平"均排名前三,政策性优势显著,也为伦敦保持消费创新的生机和活力提供保障。

伦敦消费便利度稍有欠缺,排名第 5。主要因英国自 2020 年 12 月 31 日撤销针对非欧盟国际旅客的增值税退税政策,伦敦"免退税消费便利度"排名落后。而在"国际航班通达性""轨道交通运营里程""全球信息网络连接水平"等城市商业便利化基础配套方面,伦敦相关指数排名均位于 8 个评估城市前 3 位,拥有一定优势。

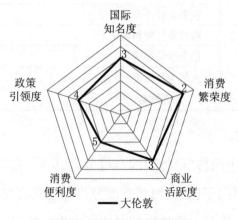

图 2-5　大伦敦五大维度排名

表 2-8 大伦敦指标排名情况

维度	序号	具体指标	大伦敦排名
国际知名度	1	全球城市竞争力	2
	2	城市经济规模	4
	3	国际赛事影响力	2
	4	国际会展和会议数量	5
	5	世界文化遗产数量	2
消费繁荣度	6	零售业销售规模	3
	7	居民人均消费支出	5
	8	境外游客消费规模	3
	9	在线零售规模	3
	10	夜生活繁荣水平	3
商业活跃度	11	城市地标商圈能级	3
	12	全球知名零售和消费品牌企业集聚水平	4
	13	国际奢侈品牌网点数量	3
	14	高端服务设施供给规模	3
	15	文化设施供给规模	3
消费便利度	16	国际航班通达性	2
	17	轨道交通营运里程	2
	18	全球信息网络连接水平	3
	19	便利性消费网点数量	4
	20	免退税消费便利度	7
政策引领度	21	城市营商环境	4
	22	服务业对外开放水平	3
	23	跨境贸易便利化水平	3
	24	创新政策环境	5
	25	入境免签政策	7
综合排名			**4**

3. 三大特色型国际消费中心城市指数评估

(1) 中国香港

中国香港(以下简称"香港")综合得分 80.0 分,位列 8 个评估城市第 6 位。香港国际知名度整体排名 8 个评估城市第 6。依托自由贸易政策和便利的出入境管理政策,香港会展、会议及相关商务旅游业务发展较快,基础较好,具体指标"国际会展和会议数量"在 8 个城市排名第 3。香港商业活跃度指数排名第 5 位,其中具体指标"城市地标商圈能级"排名第 1。戴德梁行《世界主要商街 2019》报告显示,香港铜锣湾的租金水平达到 25965 欧元/平方米,是同期上海南京西路商圈租金的近 7 倍。香港拥有 2 家本土全球百强消费品企业,落后于欧美城市,但在亚洲城市中处于领先地位。香港消费繁荣度位列第 7,其中具体指标"居民人均消费支出"仅次于纽约,排名第 2。香港服务业高度发达,高收入群体比重较高,本地及周边区域客群对香港高端消费市场形成有力支撑。但受城市发展规模限制,香港零售业销售规模排名第 6。同时,香港在线零售规模不足,排名 8 个评估城市末位,成为主要短板。香港在线零售规模相对较低,可能与香港注重发展旅游业和本地居民注重线下消费体验有所关联。

作为"全球最自由经济体"①与全球重要的自由贸易港口城市,香港政策引领度指数排名 8 个评估城市第 2,服务业外商投资和跨国服务贸易限制较少,"服务业对外开放水平"排名 8 个城市首位,"跨境贸易便利化水平""创新政策环境"和"入境免签政策"均排名第 2。"免退税消费便利度"方面,香港排名首位。香港绝大部分品类商品不含消费税和关税,成为全球最为便利的免税购物之都。

---

① 加拿大菲沙研究所《世界经济自由度 2021 年度报告》,把香港评为"全球最自由的经济体"。自 1996 年该报告发布以来,香港以连续 25 年位列全球第一。在五个评估大项中,香港的"国际贸易自由"及"政府监管"两项评估位居首位。

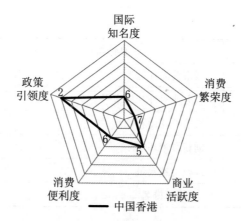

图 2-6　中国香港五大维度排名

表 2-9　中国香港指标排名情况

维度	序号	具体指标	中国香港排名
国际知名度	1	全球城市竞争力	5
	2	城市经济规模	7
	3	国际赛事影响力	6
	4	国际会展和会议数量	3
	5	世界文化遗产数量	6
消费繁荣度	6	零售业销售规模	6
	7	居民人均消费支出	2
	8	境外游客消费规模	5
	9	在线零售规模	8
	10	夜生活繁荣水平	4
商业活跃度	11	城市地标商圈能级	1
	12	全球知名零售和消费品牌企业集聚水平	5
	13	国际奢侈品牌网点数量	4
	14	高端服务设施供给规模	6
	15	文化设施供给规模	8
消费便利度	16	国际航班通达性	7
	17	轨道交通营运里程	6
	18	全球信息网络连接水平	6
	19	便利性消费网点数量	6
	20	免退税消费便利度	1

维度	序号	具体指标	中国香港排名
政策引领度	21	城市营商环境	2
	22	服务业对外开放水平	1
	23	跨境贸易便利化水平	2
	24	创新政策环境	2
	25	入境免签政策	2
综合排名			**6**

（2）新加坡

新加坡综合得分 76.5 分,位列 8 个评估城市第 7 位。作为城市型国家,新加坡依托国际贸易中心建设和国际旅游功能的强化,走出了"国际贸易中心—国际旅游目的地—国际消费城市"多种功能复合演进的发展模式,对外来消费形成独特吸引力。

新加坡消费繁荣度总体排名第 6,其中具体指标"境外游客消费规模"和"居民人均消费支出"在 8 个评估城市中分别位于第 2 和第 3 位,但新加坡"零售业销售规模"排名第 7 名,"在线零售规模"排名第 6 名,消费市场规模体量成为新加坡作为国际消费城市的主要短板。

政策引领度方面,新加坡以较大领先优势排名 8 个城市首位。优秀的创新政策环境(排名第 1)和便利的签证条件(排名第 1),以及高标准的服务业开放水平(排名第 2),让新加坡拥有较强的商流和人流集散能力。

由于城市发展规模和腹地空间的不足,新加坡商业活跃度指数排名 8 个评估城市第 7 位。新加坡本土消费品牌和企业的发展受到制约,本土拥有的全球百强消费品企业数量为 0;全球 50 强零售企业入驻数量与迪拜并列 8 个评估城市第 7。

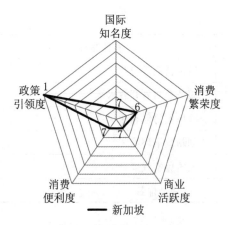

图 2-7　新加坡五大维度排名

表 2-10　新加坡指标排名情况

维度	序号	具体指标	新加坡排名
国际知名度	1	全球城市竞争力	6
	2	城市经济规模	6
	3	国际赛事影响力	7
	4	国际会展和会议数量	4
	5	世界文化遗产数量	4
消费繁荣度	6	零售业销售规模	7
	7	居民人均消费支出	3
	8	境外游客消费规模	2
	9	在线零售规模	6
	10	夜生活繁荣水平	2
商业活跃度	11	城市地标商圈能级	7
	12	全球知名零售和消费品牌企业集聚水平	7
	13	国际奢侈品品牌网点数量	7
	14	高端服务设施供给规模	7
	15	文化设施供给规模	7
消费便利度	16	国际航班通达性	6
	17	轨道交通营运里程	7
	18	全球信息网络连接水平	2
	19	便利性消费网点数量	7
	20	免退税消费便利度	4

维度	序号	具体指标	新加坡排名
政策 引领度	21	城市营商环境	1
	22	服务业对外开放水平	2
	23	跨境贸易便利化水平	5
	24	创新政策环境	1
	25	入境免签政策	1
		综合排名	7

（3）迪拜

迪拜综合得分 69.3 分,在 8 个评估城市中排名第 8 位。虽然迪拜总体排名较为靠后,但其以外来消费为驱动的发展独特性不容忽视,在单项指标排名上的优异表现值得关注。

迪拜消费繁荣度整体排名第 8,但是具体指标"境外游客消费规模"排名 8 个评估城市首位。2019 年迪拜以超过 300 亿美元的境外游客消费规模,位居全球城市之首。迪拜"居民人均消费支出"排名 8 个评估城市第 7,城市消费呈现明显的二元化特点。一方面,政府出台吸引"相对高收入"人群工作和定居的政策,旅游与高收入本地及外来定居人群,推动了迪拜高端消费市场的发展,迪拜全球前 20 强奢侈品品牌门店数量达到 302 家[1],排名 8 个评估城市第 6。另一方面,迪拜也吸纳了大量全球各地的低收入外来务工人员,迪拜的平价商铺、集市也拥有较大市场。

迪拜政策引领度指数在 8 个评估城市中排名第 6,消费便利度整体排名第 8。但部分指标优势明显,"入境免签政策"排名第 3,"国际航班通达性"排名第 3,国际空港枢纽建设对迪拜促进旅游消费起到积极的推动作用。迪拜退税经济启动较晚,但发展速度较快。迪拜

---

[1]　品牌官网实时统计数据,统计时间 2021 年 6 月。

于 2018 年底实施购物退税计划,目前参与的退税店铺数量超过 1.1
万家[①],仅次于东京都,排名 8 个城市第 2。以建设国际旅游目的地
为核心,通过营销创新吸引全球目光,促进外来消费,吸引高端移民,
是迪拜国际消费城市发展最显著的特色。

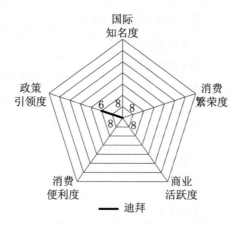

图 2-8　迪拜五大维度排名

表 2-11　迪拜指标排名情况

维度	序号	具体指标	迪拜排名
国际 知名度	1	全球城市竞争力	8
	2	城市经济规模	8
	3	国际赛事影响力	8
	4	国际会展和会议数量	7
	5	世界文化遗产数量	6
消费 繁荣度	6	零售业销售规模	8
	7	居民人均消费支出	7
	8	境外游客消费规模	1
	9	在线零售规模	7
	10	夜生活繁荣水平	7

———————————

① 数据来源:退税系统服务商 Planet Payment。

续表

维度	序号	具体指标	新加坡排名
商业活跃度	11	城市地标商圈能级	8
	12	全球知名零售和消费品牌企业集聚水平	7
	13	国际奢侈品品牌网点数量	6
	14	高端服务设施供给规模	5
	15	文化设施供给规模	6
消费便利度	16	国际航班通达性	3
	17	轨道交通营运里程	8
	18	全球信息网络连接水平	6
	19	便利性消费网点数量	8
	20	免退税消费便利度	3
政策引领度	21	城市营商环境	5
	22	服务业对外开放水平	7
	23	跨境贸易便利化水平	8
	24	创新政策环境	7
	25	入境免签政策	3
综合排名			**8**

第三章　国际经验

　　巴黎、纽约、东京和伦敦拥有雄厚的经济实力和强大的产业支撑，品牌资源丰富，历史文化独特，既是一国的经济中心、贸易中心，也是本国的文化中心和消费中心，具有全球性的消费吸引力和向心力，是世界公认的国际消费中心城市。中国香港、新加坡和迪拜自由贸易功能和国际旅游功能强大，拥有极具竞争优势的税收政策和监管环境，广泛集聚全球优质消费资源，广域吸引国际消费客群，是具有鲜明特色的国际消费城市。本章通过对七大城市消费相关行业的发展情况、消费设施载体的建设情况进行梳理分析，对城市主要发展特点进行归纳总结，并从夜间经济、免退税经济和本土品牌三个方面开展专题研究，总结国际经验做法，以期为上海建设国际消费中心城市提供有益借鉴。

一、主要城市发展情况

（一）巴黎大区

1. 消费市场及主要行业发展情况

巴黎大区是欧洲最大的经济区，是欧洲参与全球贸易的枢纽，拥有面向5.1亿欧洲消费客群、5000万外来游客、1228万居民的巨大消费市场。①巴黎大区人均购买力和消费层次水平远高于欧洲平均水平,家庭年均消费能力超过4万欧元,其中住房、交通、食品消费开支占比分列家庭消费开支前三位,酒店住宿和餐饮消费占比达到11%,休闲文化消费占比达到10%,服务消费支出占比较高。②雄厚的城市经济基础、集群的时尚产业、发达的贸易网络、丰富的文化资源、活跃的国际交往,共同构成巴黎国际消费中心城市发展的重要支撑。

(1)零售业

第一太平洋戴维斯咨询公司数据显示,2018年巴黎大区零售业销售规模约为1534亿美元。③截至2019年底,巴黎大区共有商业企业(包含汽修)超过24.3万个,产业就业人口72.2万人。④2019年巴黎大区共有购物中心253座,其中3个购物中心跻身欧洲前十大购物中心之列,Westfield Forum des Halles购物中心为法国和欧洲排名第一的购物目的地,2019年访客量为5380万人次(2018年为5650万人次)。⑤巴黎还拥有全球最大的新鲜食材批发市场Rungis,2019年访客量达到671万人次,年营业额94亿欧元。⑥

从零售网点数量和面积看,2016—2019年,巴黎大区大型超市、超市数量和面积小幅增长;百货公司2018年数量和面积有所下降,不过2019年呈现出逐步恢复发展态势;折扣店数量逐年下降,但店均面积呈现逐年增长态势;园艺及DIY商业店铺2016—2019年基本保持稳定。疫情后的2021年,巴黎大区大型超市、超市数量仍逆势

---

① 数据来源:巴黎大区投资促进局,《巴黎大区2022年资料与数据》。
② 数据来源:法国统计局《2017年消费行为报告》,"巴黎城市及郊区"(Agglomération parisienne)家庭消费情况统计。
③ 数据来源:第一太平戴维斯(Savills)《奢侈品零售业发展报告:展望2019年》(*The Evolution of Luxury Retail:2019 Outlook*),各地区消费数据均以美元计。
④ 数据来源:法国国家统计局,《2022年法兰西岛大区关键数据》。
⑤⑥ 数据来源:巴黎大区投资促进局,《巴黎大区2021年资料与数据》。

保持增长,但园艺及 DIY 商业店铺数量出现减少。

表 3-1　2016—2021 年巴黎大区主要零售业态*

	2021		2019		2018		2017		2016	
	数量 (个)	面积 (平方米)	数量 (个)	面积 (平方米)	数量 (个)	面积 (平方米)	数量 (个)	面积 (平方米)	数量 (个)	面积 (平方米)
大型超市**	246	1557705	241	1562403	235	1539831	226	1509772	225	1499388
超　市**	1084	1125069	1071	1130000	1070	1124735	1087	1138323	1046	1101076
折扣店	345	319784	349	295429	365	302652	367	298856	411	331579
百货店	17	286386	16	267870	14	260370	20	287453	19	281603
园　艺	104	456626	107	461778	106	458494	104	459839	105	463600
DIY 店	189	995808	199	1014368	198	1019638	200	1022427	198	994278

注:＊受疫情影响,2020 年相关统计数据未公布。

＊＊超市面积小于 2500 平方米;大型超市面积大于或等于 2500 平方米。

数据来源:Chiffres-clés de la région Ile-de-France 2022,2020—2017。

在全球电商高速发展的环境下,消费品牌尤其是高端品牌所具有的全球市场竞争力是巴黎实体商业平稳发展的关键,也是巴黎作为国际消费中心城市的主要竞争优势所在。2018 年,法国共有 40 家新开业的奢侈品商店,93％位于巴黎市内。

由于巴黎零售业对旅游市场具有较高的依赖度,受新冠肺炎疫情影响,境外游客规模的缩减使巴黎的奢侈品商店和旅游街区商业受到冲击。城市零售业数据显示,2020 年巴黎的零售活动较 2019 年下降了约 20％。2020 年 5—7 月疫情暴发,老佛爷百货、巴黎春天百货等大型商场整体营业收入损失达到百亿欧元。[1]2021 年巴黎大区购物中心数量减少为 218 家,相比 2019 年减少 35 家。

---

[1]　援引自路透社时尚商业快讯报告的预测分析。2020 年 5 月,受疫情影响,巴黎陆续出台一系列新规,要求所有 4 万平方米以上的商场至少停业至 7 月 10 日。受相关政策影响,包括老佛爷百货、巴黎春天百货、Beaugrenelle 购物中心、Italie 2 等热门商场陆续处于停业或关闭部分经营区域的状态。

（2）旅游业

2018年,巴黎大区到访游客5010万人次,旅游收入达到217亿欧元(约合256亿美元),旅游业带动就业岗位51.1万个。[①]2019年,巴黎大区到访游客5060万人次,旅游收入达到219亿欧元(约合245亿美元),带来56.2万个工作岗位。[②]2019年,巴黎大区到访游客中,44%为境外游客;到访的3540万过夜游客中境外游客1660万人次,占比达到47%。[③]2020年受新冠肺炎疫情影响,全年巴黎大区的旅游人次仅为1740万人次,旅游消费共计60亿欧元(约合68亿美元),较2019年下降72%。[④]但2020年,境外游客消费对巴黎大区旅游收入的贡献率仍然达到65%,境外旅客每天人均花费达到145欧元(约合165美元)。[⑤]

《巴黎市旅游发展计划(2017—2022)》明确提出"发展高品质、可持续的旅游业,使巴黎成为全球第一的旅游目的地城市"的目标。受疫情影响,这一旅游发展计划有所滞缓,但相关工作已逐步落实推进。巴黎市议会、市政府与当地旅游产业的利益相关者共同合作,成立"巴黎目的地委员会",提出"生活艺术"口号,整合多样化的文化遗产,集合文化之都、美食之都、会展之都、体育之都的建设,推动大旅游、大消费的发展,推动巴黎成为能提供多样、独特旅游产品和消费体验的全球性消费城市。同时,结合丰富的文旅资源,巴黎市发展出多样化的时尚、文化和节日主题活动,将城市购物打折季、音乐节、美食节、电影节、国际体育赛会等活动融入城市大消费链条当中,充分激发消费市场潜力。此外,巴黎开设了"巴黎旅游局官网"线上平台,为旅客提供住宿、消费、票务、交通相关预

① 巴黎大区投资促进局,《巴黎大区2020年资料与数据》。
② 巴黎大区投资促进局,《巴黎大区2021年资料与数据》。
③ 数据来源:法兰西岛大区(大巴黎地区)旅游委员会。
④⑤ 数据来源:巴黎旅游局官网,https://pro.visitparisregion.com/。

定、购买和信息导览服务,通过数字化平台集成的方式,促进旅游和消费的联动。

(3) 住宿与餐饮业

2014年至2018年期间,巴黎大区餐饮住宿行业的就业人数保持基本稳定,企业数量明显增加。2019年,当地拥有餐饮住宿机构7.6万个,就业人数达到31.0万人。[①]根据《巴黎大区2021年主要数据》,截至2019年,巴黎大区共有餐厅2.3万家,其中米其林星级餐厅135家,包括17家二星级餐厅和10家三星级餐厅,涵盖了法国40%的三星米其林餐厅。截至2020年1月,巴黎大区酒店数量2478个,四星、五星酒店呈现结构性增多趋势。2019年巴黎大区全年酒店住宿近7073.6万夜次,占全法酒店住宿夜次的33.0%,国际游客住宿占比达到46.9%。[②]

表3-2　2014—2019年巴黎大区餐饮住宿发展情况

时　　间	就业(人)	机构(个)
2019(2019.12.31)	309608	75676
2018(2018.12.31)	297145	71517
2017(2017.12.31)	286206	67389
2016(2015.12.31)	285822	61967
2015(2015.01.01)	283556	60135
2014(2014.01.01)	280080	57275

数据来源:历年 Chiffres-clés de la région Ile-de-France。

受新冠肺炎疫情影响,巴黎城市中心区的活力大幅降低。2020年,全年酒店住宿仅2270万夜次,较上年下降67.8%。[③]据法国国家酒店和餐饮独立集团(GNI)巴黎大区总代表弗兰克·特鲁埃介绍,

---

①② 　数据来源:法国国家统计局,《2022年法兰西岛大区关键数据》。
③ 　数据来源:巴黎大区投资促进局,《巴黎大区2022年资料与数据》。

2020 年第二季度疫情暴发期,整个巴黎大区的酒店、咖啡馆和餐馆的营业额同比下降 88%,其中酒店业下降了 92%。[①]米其林官网数据显示,2021 年初,巴黎大区米其林星级餐厅数量下降到 108 家。

2. 消费载体发展情况

(1)城市地标商圈商街

巴黎香榭丽舍大街——通过持续更新改造,保持商业发展活力

巴黎香榭丽舍大街是巴黎的标志性商业街道,经历多轮城市空间改造,香榭丽舍大街逐步实现车退人进、增强步行体验,高档时尚的主干道与各具特色的支马路之间的错位联动发展。

功能体验复合化,品牌时尚潮流化。香榭丽舍大街不仅零售业非常繁荣,服务消费也十分多元。五星级酒店、剧院、电影院、夜总会等文化娱乐设施集聚,商业与商务功能融合,香榭丽舍大街成为著名旅游休闲目的地的同时,也保持了本地客源的稳定性。为迎合年轻消费潮流,街区保持存量商业的持续更新调整。升级版老佛爷百货旗舰店落户,Bonpoint 快闪店亮相,意大利化妆品品牌 Kiko、法国护肤品牌欧舒丹和香奈儿的全新美妆店铺相继开业。在强化街区美妆表现的同时,年轻消费客群关注的电子品牌、运动品牌也在不断扩张。

持续进行环境改造,回归城市生活本质。为迎接 2024 年巴黎夏季奥运会,巴黎于 2022 年 5 月启动耗资 2.6 亿欧元的新一轮香榭丽舍大街改造工程,推动香榭丽舍大街的整体翻新。新的商街改造计划,延续车退人进的理念,注重对香榭丽舍大街整体环境的改造提升。翻修计划包括将车辆空间减少一半,建造树木隧道,鼓励更美观地利用商业空间,打破人们对香榭丽舍大街奢侈品商店、豪车展厅、

---

① 鲁佳:《巴黎大区半数酒店仍关门;等不到游客 看不见希望》,http://www.haiwainet.cn("人民日报海外网",发表时间:2020.08.05)。

高昂店铺租金的印象,形成更为舒适的消费空间和城市休闲界面,增强对本地消费人流的吸引。

（2）城市标杆商业项目

巴黎大区政府统计数据显示,2017—2018 年巴黎百货业态的发展陷入低迷,规模型百货公司的数量由 2017 年的 20 家下降到 2018 年的 14 家,经营面积由 28.7 万平方米缩减为 26.0 万平方米。面对行业发展的困境,巴黎传统百货业态加快升级改造,新开百货店积极谋求创新发展路径。

① 老佛爷百货——营销模式变革下的消费场景创新

2019 年 3 月,老佛爷百货香榭丽舍大街旗舰店正式开业。老佛爷百货旗舰店对百货店整体的消费购物场景进行创新突破,邀请以"创新"著称的设计集团 Bjarke Ingels Group(BIG)对其进行改造,在占地面积 6500 平方米的店内,打破传统依照品牌和性别分区的空间陈列方式,依据设计风格形成新的混合策展模式,为 600 多个奢侈品牌和设计师品牌提供新型的营销方式。

② 莎玛丽丹百货——承载城市功能与社会价值的改造方案

2021 年 6 月,LVMH 集团斥资 7.5 亿欧元修缮的巴黎百年商业地标莎玛丽丹百货(La Samaritaine)重新开业。改造后的莎玛丽丹百货购物区域面积从 3 万平方米减少到了 2.5 万平方米,在 LVMH 集团与政府当局多轮改造方案的审议过程中,其城市功能和社会价值得到强化。区别于传统百货建筑,莎玛丽丹百货建筑群集合了百货商场、LVMH 集团旗下的白马庄园酒店(Hôtel Cheval Blanc)、办公大楼,以及托儿所和 96 户社会住房,成为巴黎市兼具社会和商业功能的新兴消费打卡地。业态更新方面,改造后的莎玛丽丹百货入驻品牌更加齐全和多元,网红品牌、买手品牌、设计师品牌占比有所提高,莎玛丽丹百货成为带动本地新锐时尚品牌发展的重要集聚地。

此外,莎玛丽丹百货地下一层开设了欧洲最大的美容专区,面积达3400平方米,共有 700 多个品牌入驻。

3. 主要发展特点

(1)产业体系和本土品牌支撑有力

高度完善和相互支撑的消费产业链体系是巴黎成为国际消费城市的重要基础。在巴黎大区 13 个关键产业中,与消费相关联的产业占据 8 个,包括商贸零售业、食品产业、旅游酒店与餐饮业、物流和运输业、创意产业、商业服务业、时尚设计和奢侈品业,以及 M.I.C.E(节庆、游乐与会展业),形成巴黎"大消费"产业链体系。巴黎注重文化产业发展,鼓励艺术创造和文化消费,形成了持久的全球时尚影响力,也为本土品牌的发展创造了条件。巴黎既拥有路易威登、香奈儿、迪奥、爱马仕、纪梵希等世界著名时尚品牌,也成功培育了 Ami、Officine Générale、Jacquemus、Vetements 等一大批本土年轻设计师品牌。此外,巴黎零售业发达,德勤《2020 全球零售力量》数据显示,全球 250 强零售企业中,巴黎上榜企业 6 家,总营收达到 1283 亿美元,位列全球主要消费城市首位。

(2)文化旅游资源丰富多样

巴黎拥有 5 个世界文化遗产,4000 个历史文化古迹、140 个备案注册博物馆(包括经营性博物馆在内的各类博物馆总量接近 300个)、361 家剧院、5 家歌剧院、1073 个放映屏幕、47 个外国文化机构,有能力提供独特、多元的文化体验服务。巴黎每个月甚至每周都有各种各样的节庆、体育活动,不仅纪念、展示城市的传统与文化,也体现出城市对多元文化的包容性。2018 年,巴黎大区吸引游客数量超过 10 万人次的文化节庆活动有欧洲文化遗产日(游客人数 50 万)、Techno Parade 巴黎电子乐游行(30 万)、Solidays 音乐节(21.2 万)、普罗万中世纪节(18.3 万)、Download Festival 音乐节(12 万)和 Lollapalooza Paris 音乐节(12 万)。[1]

（3）国际枢纽功能十分显著

频繁的国际往来为巴黎成为国际化的消费中心创造了条件。巴黎不仅是国际重要的航空枢纽，也是欧洲的货运集散中心，知名文体赛会集聚，国际会展业发达。2019 年巴黎共举办了 446 场贸易展会，接待访客 940 万人次；2020 年贸易展会仍然达到 434 场，接待访客 810 万人次，商务会议与展会活动多样性和丰富度居欧洲城市之最。[2]巴黎是欧洲贸易流通的心脏，2021 年巴黎大区进口贸易额 1596 亿欧元(约合 1889 亿美元)，出口 1014 亿欧元(约合 1200 亿美元)，分别占法国全国的 26.9％和 21.1％。[3]巴黎大区拥有世界级的交通网络，设有 3 个国际机场和 7 个高铁(TGV)车站，戴高乐机场旅客吞吐量在欧洲排名第二。2019 年万事达卡全球旅游目的地城市指数排名，巴黎位列全球城市第二。

（二）纽约市

1. 消费市场及主要行业发展情况

纽约市是全球最大的城市经济体，无论是在经济、金融、科技领域，还是文化、娱乐和时尚领域，纽约市都在全球占有举足轻重的地位。纽约市城市人均 GDP、城市零售业销售额、家庭可支配收入均在全球主要消费中心城市中排名前列。高收入、高消费支出成为推动纽约商业发展的重要因素。根据全球性房地产咨询公司 Knight Frank 发布的《2021 年财富报告》，纽约市拥有 7743 名超高净值人士，占据全球城市排行榜第一位。全球知名私人财富咨询机构

---

① 数据来源：巴黎大区投资促进局，《巴黎大区 2020 年资料与数据》。
② 数据来源：巴黎大区投资促进局，《巴黎大区 2021 年资料与数据》。
③ 数据来源：巴黎大区投资促进局，《巴黎大区 2022 年资料与数据》。

Wealth-X 发布的报告《2020 年全球奢侈品展望》显示,纽约的奢侈品消费指数位列全球城市首位。

(1) 零售业

2018 年纽约市零售业销售额达到 2700 亿美元。[①]据纽约州劳工部统计,2019 年纽约市零售业机构数为 3.24 万家,就业人数达到 34.6 万人。受新冠肺炎疫情影响,2020 年纽约市零售业就业人数大幅波动,由 2 月的 34.2 万人减少至 4 月的 25.2 万人,10 月恢复到 30.6 万人,纽约零售业在疫情中受到巨大影响,但在下半年逐步呈现出良性恢复态势。

位于纽约市中心区域的第五大道、麦迪逊大道、纽约苏荷区、曼哈顿中央商务区等商业区域构成了纽约商业的名片,是全球顶级奢侈品牌和时尚品牌的主要集聚区和新品首发地,对城市经济发展、功能建设和品牌形象树立具有重要意义。戴德梁行《全球主要商业街报 2019》(Main Streets Across The World 2019)数据显示,2019 年第二季度,纽约第五大道上城(49 街—60 街)商业租金位列全球顶级商街租金第 2 位,反映出纽约对全球零售市场的吸引力。以区划法(Zoning)为核心的土地利用管理体系为纽约商业的发展繁荣提供了基础保障。纽约通过综合运用特殊商业区划分、激励性分区(以奖励额外容积率的形式鼓励特定功能性项目开发)、开发权转移(在政府主导下,通过出售或转让的形式,将一个地块的土地开发权向其他地块转移,实现开发权益的再分配)等弹性管理手段,实现了对城市商业开发建设的精细化管控。

但是,受到电商及新冠肺炎疫情的影响,纽约实体零售行业,尤其是城市中心区核心商业街受到明显冲击,零售商铺租金呈现下滑

---

① 数据来源:第一太平戴维斯(Savills)《奢侈品零售业发展报告:展望 2019 年》(The Evolution of Luxury Retail: 2019 Outlook)。

趋势。纽约房地产委员会(The Real Estate Board of New York,简称"REBNY")研究数据显示,2020年春季,第五大道下城(42街—49街)的平均租金同比下降21%,第五大道上城(49街—59街)的平均租金微跌0.22%。2021年春季,第五大道下城(42街—49街)的平均

表3-3　2019年春季至2021年春季纽约曼哈顿部分街道平均租金情况

曼哈顿部分街道	2019年春		2020年春		2021年春	
	租金(美元/平方英尺/年)	同比(%)	租金(美元/平方英尺/年)	同比(%)	租金(美元/平方英尺/年)	同比(%)
上西区						
百老汇(72街—86街)	273	−16%	239	−12%	240	0%
哥伦布大道(66街—79街)	279	−8%	307	10%	288	−6%
上东区						
东86街(列克星敦大道—第二大道)	365	−9%	341	−7%	311	−9%
麦迪逊大道(57街—72街)	1039	−25%	849	−18%	773	−9%
第三大道(60街—72街)	226	−14%	216	−4%	197	−9%
市中心						
东57街(第5大道—公园大道)	944	−3%	683	−28%	531	−22%
第五大道(49街—59街)	3047	−22%	3040	−0.2%	3000	−1.3%
第五大道(42街—49街)	878	−20%	695	−21%	615	−12%
百老汇和第七大道(42街—47街)	1936	0%	1995	3%	1480	−26%
中城南部						
先驱广场—西34街(第5大道—第7大道)	613	2%	509	−17%	488	−4%
熨斗区—第五大道(14街—23街)	400	−5%	271	−32%	263	−3%
百老汇(14街—23街)	372	3%	354	−5%	296	−16%
下城						
百老汇(圣休斯敦—圣布鲁姆)	544	−7%	493	−9%	310	−37%
百老汇(炮台公园—钱伯斯街)	413	10%	417	1%	406	−3%

数据来源:纽约市房地产委员会(REBNY)。

租金继续同比下降 12％，第五大道上城（49 街—59 街）的平均租金同比下跌 1.3％。同期，这两个区域零售店铺的空置率也出现明显上升。

纽约城市未来中心（CUF）的报告显示，2019 年纽约市全国品牌连锁店数量为 7823 家，比上年减少了 3.8％（2018 年为 8136 家），首次同比出现下降。部分传统零售企业正被逐渐挤出繁华的购物街区，取而代之的是诸如亚马逊、谷歌等互联网公司的体验门店，线上销售正在逐渐和实体销售实现融合，体验式消费已经在纽约市加快兴起。如意大利家具品牌 Natuzzi 在麦迪逊大道开设了首个家居行业 AR 体验店，结合 AR/VR/MR、全息显示、3D 全场景建模等技术提升客户体验。连锁百货品牌 Nordstrom 在纽约市的旗舰店在商品中无缝融合丰富的数字化服务场景。宝丽来开设 SOHO 快闪店，客人可以使用该品牌的新型 Lab 设备将手机图像转换为宝丽来照片。耐克纽约全渠道、全品类旗舰店"创新之家 000"由数字驱动体育零售创新，集数字化和线下服务为一体，为消费者提供个性定制、轻松智能的消费体验。

（2）旅游业

纽约市各类景点、文化设施、赛事、庆祝活动集中，吸引了来自世界各地的企业家、人才和游客。万事达卡公司《2019 全球目的地城市指数》报告显示，2018 年纽约吸引国际过夜游客 1360 万人次，排名全球城市第七；旅游总收入 164.3 亿美元，排名全球城市第六；平均逗留时长 7.9 天，排名全球城市第四。2019 年纽约市的游客人数达到创纪录的 6690 万，同比增长 2.8％，游客在纽约市的直接消费支出总额达 474 亿美元，比 2017 年增长 2.2％，提供直接就业岗位 30 多万个，间接就业岗位近 40 万个，直接经济效益超 800 亿美元。其中，境外游客规模 1352 万人次，消费额达到 192.2 亿美元。①

———————————

① 数据来源：纽约市旅游会展局（NYC & Company）。

2020 年纽约市旅游业在新冠肺炎疫情打击下,游客人数下降 67％至 2230 万人;旅游消费下降了 73％,仅为 128 亿美元。[①]其中, 国际游客人数 240 万人次,下降 82％;国际游客消费 47 亿美元,降幅 超 75％,国际游客消费占比下降为 37％(2019 年占比为 49％)。根 据纽约州审计长办公室的数据,纽约市旅游业带来的经济效益从 2019 年的 803 亿美元下降到 2020 年的 202 亿美元,降幅为 75％,与 旅游相关的税收减少约合 12 亿美元。纽约百老汇成为纽约旅游消费 遭受重创的缩影。百老汇 2020 年 3 月停止商业演出一年来,纽约市减 少了 147 亿美元的财源,流失了 680 万名国内游客及 280 万名国际游 客,文化演艺行业就业率萎缩 66％,直接票房收入减少 18.3 亿美元。[②]

(3) 住宿与餐饮业

基于发达的旅游产业,纽约市住宿与餐饮服务业蓬勃发展,据纽 约州劳工部统计,至新冠疫情暴发前的近二十年,纽约市住宿与餐饮 服务业的机构数、就业人数、工资收入及人均工资收入呈现稳步增长 态势。2019 年住宿与餐饮服务业就业人口达 37.3 万人。受疫情影 响,2020 年住宿与餐饮业就业人数大幅下降至 21.3 万人,降幅达 42.4％,其中,4 月份就业人数仅为 12.6 万人。[③]

餐饮业是纽约消费市场增长的重要驱动力。作为一个全球城 市,纽约汇聚了全球最好的餐馆及各类美食,餐饮业遍布五个行政 区。纽约市劳工部将餐饮服务与饮酒场所认定为纽约市的"亮眼产 业"。该产业在 2013—2018 年间增加了 5.8 万个就业岗位,增幅达 22.6％,高于纽约市所有行业的平均增长率(14.0％)。

纽约作为全球著名的旅游胜地,酒店业的发展有助于延长住宿

① 数据来源:https://www.statista.com/statistics/。
② 数据来源:布浩:《纽约:为百老汇重开造势》,载《周末画报》2021 年第 1162 期。
③ 数据来源:纽约州劳工部。

时间和扩大游客的活动范围,不仅推动了旅游业的发展,还促进了游客在纽约的消费。2015年以来,纽约新增的酒店物业中几乎有一半位于皇后区、布鲁克林、布朗克斯区和斯塔滕岛,位于这些区域的酒店2018年入住率高于82%,超过全国平均水平。

2. 消费载体发展情况

(1)城市地标商圈商街

纽约第五大道——以市场为驱动推进品牌和业态调整

第五大道是全球的商业标杆之一,是美国商业文化的象征,汇集了全球最顶尖的品牌,为消费者提供一站式购物、餐饮、休闲、娱乐和文化等综合服务。自2018年起,纽约商业街空置率上升和高租金回落的情况逐步显现。2020—2021年,电商冲击叠加新冠肺炎疫情影响,第五大道及周边区域的店铺空置率进一步上升,市场租金有所下降。外来游客消费的减少给第五大道的商业带来了较大负面影响,传统零售业态间的平衡被打破。

在此情况下,年轻化、时尚化和价格亲民化的品牌悄悄入住,填补原来高端市场缝隙。Adidas、Nike、Under Amour、Asics等运动品牌,以及Zara旗舰店、优衣库等店铺纷纷开业,第五大道逐步呈现出运动时尚、快速时尚与奢侈品零售协同发展的态势。另一方面,品牌店铺加强业态融合与模式创新。第五大道服装品牌出现了明显收缩,留存品牌也在店铺改造过程中以服务、文化等体验价值为导向,进行业态融合与创新,比如Coach在第五大道开设的新店中提供定制服务,并安置了皮革手工作坊;Adidas旗舰店提供果汁吧、健身书籍阅览服务,表现出第五大道对零售新趋势的积极应对。

(2)城市标杆商业项目

① 哈德逊城市广场——创新开发模式的城市未来消费社区样板

哈德逊城市广场位于纽约市曼哈顿的心脏地带,是美国最大规模的房地产开发项目之一。项目于2020年10月开业,总投资250亿美元,占地面积10.5公顷,建筑面积约28万平方米,分为住宅公寓、商业办公、公用基础设施、购物中心、餐饮和艺术娱乐六大板块。项目承载经济增长与滨水空间活化两大战略目标,成为代表城市未来远景的新型社区。

项目在设计之初的目标定位上就已超越了交通枢纽商圈的层面,提升到能够吸引全球商业、商务资源要素的新商业中心的高度,依托轨交延伸工程,实现地块与城市中心商业区的联通。在城市公共基础设施的建设过程中,哈德逊城市广场得以快速启动和推进的关键在于片区发展中政府权利(政府政策和投资)、技术(规划和建设)及资本三个要素的充分协同。项目建设采用"税收增量融资"创新模式,即以该片区新开发项目的预期税收和收益发行债券,来支撑基础设施改进,并通过多方利益平衡促进项目融资渠道的多元化。整个项目建设因其体量大、推进快速,对纽约存量商业开发具有样板作用。

② 美国之梦商业综合体——零售娱乐化的突破创新

美国之梦商业综合体是由加拿大三五集团(Triple Five Group)开发的超大规模娱乐商业综合体,是未来购物中心的典范,于2020年10月25日正式开业。该项目建筑面积300平方英尺(约28万平方米),涵盖15大娱乐项目、350家零售商店、100多家餐饮店,其中包括西半球最大的室内主题公园尼克宇宙主题公园。

娱乐业态占据主体。为增强项目的抗电商能力(即"防御亚马逊"的能力),美国之梦的娱乐体验业态占比高达55%,历史性超越零售业态,体现出"零售娱乐化"(retailtainment)的业态设计理念。在商业空间和动线设计上,娱乐业态通过零售区域进入,有效加强了娱乐与零售之间的"互动",实现消费客流的相互导流。

购物空间营造场景感。奢侈品牌区域汇聚众多全球一线品牌、知名设计师品牌和新兴设计师品牌,空间设计上融合"高街"街区界面感,营造独特的户外场景氛围。在购物体验方面,结合高科技场景应用、私人订制服务,增强顾客的愉悦感。

餐饮业态主题化、规模化发展。整个购物中心拥有 120 家餐饮店铺,包括 25 家全服务餐厅(full-service restaurants)、50 家即选快餐铺(grab-and-go options),以及四大主题化的餐饮集聚区(可口可乐美食广场、犹太清真美食空间、MUNCHIES 美食集市、东方之梦亚洲餐饮区),通过主题餐饮及品牌的植入,更好吸引旅游休闲消费。

3. 主要发展特点

(1) 文化消费竞争优势明显

纽约市拥有以大都会博物馆、古根海姆现代艺术博物馆等为代表的上百所博物馆,以及闻名全球的百老汇剧场群,每年都能吸引大量国际游客。这些场馆与城市商圈紧密融合,文化消费成为纽约市消费市场的重要组成部分,同时有效带动了相关衍生消费的增长。纽约市百老汇联盟的统计数据显示,2017—2018 演出季,百老汇的门票收入达到 17 亿美元,观众数量高达 1376.9 万人次,带动的直接消费对纽约市的经济拉动超过 120 亿美元。节日庆典活动是纽约城市营销的重要手段之一,其中一些惯例化的节日活动,如美人鱼大游行、万圣节游行、跨年庆典,以及由 VOGUE 杂志举办的全球时尚购物月等,有力带动了当地文化和时尚消费。

(2) 品牌与科创力量支撑有力

纽约之所以能成为全球消费标杆城市,离不开美国消费类产品供应链和产业链整体实力的支撑。2020 年全球知名品牌资产平台 BrandZ 最具价值全球品牌 100 强榜单中,51 个美国品牌上榜,其中零售餐饮等消费品类企业 18 家。本土知名品牌的集聚推动了纽约市消费市场的繁荣,提升了纽约市的品牌影响力和消费市场能级。零售科技类公司是纽约市科技创新体系中的重要组成部分。根据纽约市初创企业网站 NYC Startups 的统计,纽约市共有 67 家零售科技类初创企业,涵盖商品展示、体验、支付、服务、业绩分析等方面,实现零售市场全环节赋能,使纽约成为美国最重要的零售创新试验场。

（3）小商业繁荣促进街区活力再造

由于街区开发、租金上涨等原因,纽约市的小商业曾一度面临较大幅度的衰退,从而导致中心城区街区商业活力的下降。20 世纪 80 年代起,纽约市开始逐步出台扶持小型商业发展的政策,从战略层面将小商业视为城市经济、就业、文化和旅游景观的重要组成部分。在此过程中,城市商业促进区（BID）建设发挥了积极作用,通过 PPP 模式,吸引私人投资,形成公私合营的商业机制,参与街区深度运营,有效实现城市更新与商业复兴的融合发展,极大地改善了纽约中心区小商业衰退的局面。截至 2019 年,纽约市共有 76 个商业促进区,93000 余家小商铺及小企业加入其中。其中受到广泛认可的商业促进区包括布莱恩特公园地区、曼哈顿联合广场区和纽约唐人街等,成为纽约的消费名片。

（三）东京都

1. 消费市场及主要行业发展情况

东京都是日本首都和最大城市,也是日本的政治、经济、文化和交通中心。2019 年东京都第三产业产值超过 91.8 万亿日元（约合 8425 亿美元）,占东京都 GDP 的 85.2%,呈现出明显的服务型经济结构特点。[①]2019 年东京都劳动者家庭月均收入达到 67.4 万日元（约

---

① 数据来源:《都民经济计算》,東京都の統計,https://www.toukei.metro.tokyo.lg.jp/。

合 6186 美元),是日本全国平均水平的近 2.3 倍。①《东京都生计分析调查报告》数据显示,2020 年度东京都家庭整体(月均)消费为 31.9 万日元(约合 2992 美元,人均月消费约 1000 美元②),同比减少 2.2%;食品材料支出为 9.0 万日元(约合 845 美元),恩格尔系数约为 28%。东京都金融业和服务业发达,对内对外商务活动频繁,提升了城市商业在全球范围的影响力。

(1) 零售业

东京都是日本最大的零售城市,零售业增加值、零售业销售额、零售店铺数以及零售业从业人数等都在日本国内排名第一。根据日本经济产业省发布的《2019 年经济构造实态调查》,2019 年度东京都零售业销售规模为 19 兆 8532 亿日元(约合 1800 亿美元),在全国占比 14.3%。根据《东京都产业雇佣与就业 2020》的数据显示,2016 年东京都约有 7.2 万家零售店铺,其中以中小规模的零售店铺为主,员工少于 10 人的店铺占比达到 75.9%。

无论是面向外来消费群体的大型综合商业设施,还是服务本地居民的便利性网点,东京都均很发达和完善。以 7-11、全家、罗森为代表的连锁便利店品牌通过渠道网络建设,零售资源整合和自有品牌发展,形成高度完善的社区下沉商业体系。与交通枢纽节点相结合的大型百货店和城市商业综合体是城市的消费名片。据日本购物中心协会统计数据,截至 2020 年末,东京都购物中心数量达到 338 家,店铺面积 510.0 万平方米,占全国的比重超过 1/10。近几年,购物中心呈现出逐渐向东京都市区中心和商业街回归的特点。截至 2020 年底,东京都中心城区购物中心数量为 231 家,占东京都

---

① 数据来源:《都民经济计算》,東京都の統計,https://www.toukei.metro.tokyo.lg.jp/。
② 《东京都生计分析调查报告》,2020 年度东京都平均家庭成员人数为 2.94 人。

购物中心总数的 68%。①从零售规模看,百货店是东京都的主力销售渠道。2019 年东京都百货店销售额达到 1.86 万亿日元,规模占全国的 30%;其次是便利店,销售额达到 1.8 万亿日元,规模占全国的 14.8%。②自 2005 年启动整体转型任务以来,东京都百货业一直在尝试探索经营模式转型,包括发展自营品牌,开展整合兼并和跨业经营,进行海外拓展等,整体呈现出"量减质提,坪效提升"的发展态势。

疫情及紧急事态措施给东京都零售业带来较大负面影响。东京都统计年鉴数据显示,2020 年东京都百货店年销售额仅为 1.34 万亿日元,较上年大幅下降 28.0%;由于居家时间增多,对日用及居家产品需求有所增长,超市销售额达到 1.41 万亿日元,同比增长 13.7%。③此外,日本经济产业省《商业动态统计月报》显示,2020 年东京都便利店销售额同比下降 8.2%,家电大型专门店销售额同比增长 4.8%,药妆店销售额同比下降 0.6%,家居中心销售额同比下降 6.1%。

（2）旅游业

在"观光立国"方略指导下,日本国内近年来十分重视旅游经济的发展,各国游客纷至沓来,不仅带来了本地就业,更带来了巨量的消费。无论是访客人数还是消费总额,在新冠肺炎疫情暴发前,东京都均保持了稳步增长的态势。东京都产业劳动局统计数据显示,2019 年,东京都境外游客达到 1518 万人次,同比增长 6.6%,消费规模为 1.26 万亿日元(约合 115 亿美元),同比增长 5.7%;国内游客达到 5.43 亿人次,同比增长 1.2%,消费规模为 4.78 万亿日元(约合 433 亿美元),同比增长 1.3%。

---

① 数据来源:日本购物中心协会。
② 数据来源:《东京产业与雇佣就业 2020》。
③ 数据来源:《都民经济计算》,東京都の統計,https://www.toukei.metro.tokyo.lg.jp/。

2020 年以来,受新冠肺炎疫情影响,被视为城市重要经济增长点的旅游业陷入困境。东京都产业劳动局数据显示,2020 年访问东京都的外国游客人数仅 252 万,同比下降 83.4%,日本游客下降37.9%至 3.37 亿人次,为 2010 年以来最低。从游客消费规模看,2020 年度日本游客在东京都的消费规模约为 2.72 万亿日元(约合255 亿美元),较上年减少 43.1%;外国游客在东京都的消费规模约为 2068 亿日元(约合 19 亿美元),较上年减少 83.6%。[①]为恢复振兴遭受重创的日本旅游业,日本推出"Go to 计划",通过"Go to travel""Go to eat""Go to event""Go to 商店街"等一系列消费刺激政策的叠加,以及发放消费抵价券、网络平台预约发放充值金(消费积分)等方式带动旅游消费活动的复苏。

(3)住宿与餐饮业

根据《东京都产业雇佣与就业 2019》的数据显示,2016 年东京都约有 8 万家餐厅,其中占比最高的是供人们饮酒以及娱乐的餐饮店铺(包括酒场、啤酒店、酒吧、俱乐部等形式),数量达到总数的 36.6%;日本料理、中华料理、烤肉等料理店铺的数量占比为 35%。近年来,日本外食产业[②]发展整体趋缓,但料理零售业[③](如外带便当、熟食)整体实现平稳增长,1982 年至 2018 年营业额增长超过 7 倍,规模达到 7.3 万亿日元(约合 661 亿美元);同期外食产业营业额仅增长50%,规模为 25.8 万亿日元(约合 2337 亿美元)。根据东京都居民食

---

① 数据来源:《令和 2 年东京都观光客数等实态调查》。
② 日语中"外食"字面语义为"堂食",与日语中"中食(食物打包或外卖带回)""自炊(在家做饭)"概念相对应。根据 2013 年 10 月日本总务省新修订的《日本产业分类标准》,餐饮服务业作为一级大类,包括了"饮食店"及"打包、外卖餐饮服务业"两个二级类别。外食产业主要指前者"饮食店"类别。另据日本食品服务协会提供的《外食产业报告》,外食产业的主要经营主体为"快餐食物""家庭食堂""酒吧/居酒屋""咖啡馆"等。
③ 根据 2013 年 10 月日本总务省新修订的《日本产业分类标准》,"料理零售业"是指主营各种熟食、便当等加工食品的行业。该行业的主要经营主体为销售预制加工食品,包括熟食、便当、团餐、炸物、面包、汉堡、饭团、寿司、披萨等企业。

品支出明细调查,"烹饪原料"支出占比从 1983 年超过 60％,下降至 2019 年的 43.7％。2019 年"一般外出就餐"占比为 20.3％,"熟食"占比为 13.8％,两者均保持上升趋势,东京市民对便捷性餐饮服务的需求不断增加。

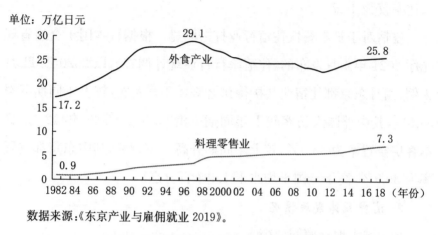

数据来源:《东京产业与雇佣就业 2019》。

图 3-1 日本外食产业及料理零售业变动情况

此外,根据东京都产业劳动局商工部 2020 年 12 月发布的《东京都中小企业景况》调查,相较于制造业、批发零售业等,一般餐饮店、酒吧、居酒屋等面向个人的小规模服务企业受到新冠肺炎疫情的影响更大,50％以上的受访企业表示自 2020 年 4 月(日本第一次发布疫情紧急事态宣言)至 2020 年 12 月,每个月营业额都较上年同期有所减少。

住宿业方面,根据日本厚生劳动省统计,2017 年东京都住宿设施总数为 3233 家,其中旅馆 1306 家,酒店 718 家,简易旅社 1196 家,另有下宿(提供膳宿的长期租借住宿设施)13 家。旅馆客房 5.9 万间,酒店客房 11.1 万间,相比 2016 年分别增加 11.3％和 8.8％,旅馆和酒店客房数均排名日本第一。酒店与旅馆集中于东京都中心的港区、中央区、千代田区、新宿区、台东区以及丰岛区等地。2019 年东京都全年住宿人数约 7900 万人次,客房入住率为 79.5%,远高于 61.2% 的全国平均水平;入住酒店的外国客人总数约为 2900 万,占入住酒店客人总数的 37%,为日本最高。从住宿类型来看,"城市酒店"的入住率为 84.2%,"商务酒店"的入住率为 84.0%,而"客栈"①的入住率仅为 44.7%。

疫情对于日本餐饮住宿行业打击明显。根据日本国土交通省观光厅 2021 年 1 月发布的《住宿旅行行业统计调查》,以 2020 年 11 月为例,当月东京都住宿业共接待访客 304.8 万人次,较上年同期下滑 54.5%,其中外国人访客较上年同期下滑 95.9%。2020 年 12 月,日本客房空置率为 38.5%,较上年同期升高了 20.2%,其中东京都空置率为 39.9%,高于全国平均水平 1.4 个百分点。

2. 消费载体发展情况

(1) 城市地标商圈商街

① 银座商圈——控制商业设施规模,促进复合功能开发

银座是东京都最具代表性的商圈,针对消费市场的持续低迷,银座在对商业设施的改造过程中,注重对商业体量规模的控制,以释放更多的城市公共空间,打造更加多元的消费功能,同时注重推动商业商务的融合发展。

2019 年 7 月,银座建设会②提出调整"土地用途引导"制度③,对原有以增加商业设施、促进街道繁荣为目标的"银座容积率放宽条件"作出调整,将"商业用途建筑的占地面积为二分之一以上,事务所

---

① 客栈是指主要服务外来游客的日式旅馆,包括温泉旅馆、驿站旅馆、观光旅馆、日料旅馆、民宿等。
② 银座建设会是 2004 年创办的一个街道建设组织,以在银座长期经营的当地经营者们为主体,负责对银座相关的项目开发、地区建设问题提出建议。
③ 土地用途引导制度是根据 1998 年发布的"银座规则"制定的。在"银座规则"发布后,银座内大厦的重建、大规模的商业设施建设得到大幅推进。比如 2016 年东急广场银座的建成,17 年大型商业设施 ginza 6 改建后重新开业。

用途占地面积为三分之一以下"的条款,更改为"商业用途占三分之一以上,事务所用途占二分之一以下",引导银座减少商业设施,增加写字楼体量,推动部分地段的二次开发,促进地区业态复合发展。[①]在诸多实际项目的改造过程中,开发者也更加注重增加公共开放空间,更好植入公共功能。例如,2018 年银座索尼大厦被整体拆除,设计成一座 Sony Park 绿地公园,实体功能被整体设置于地下,加强与地铁大厅和西银座地下停车场的连接,形成更具开放性和社交互动性的展示、艺术、文创空间。在新冠肺炎疫情常态化,访日游客数量减少,日本民众外出频率减少,银座商铺空置率上升的情况下,控制商业设施规模,促进城市功能复合开发的需求显得更加迫切。

② 涩谷商圈——促进项目联动调改,打造潮流网红商圈

涩谷是日本时尚的重要发源地,以"音乐之街""年轻人之街"著称。近几年,为应对商圈衰败,涩谷启动了再开发计划,围绕轨道交通站点进行密集的核心项目建设和改造,促进站城一体化发展。通过 SHIBUYA 109 调改,涩谷 PARCO 改造,SHIBUYA SCRAMBLE SQUARE 涩谷新地标落成、东急 PLAZA 涩谷项目建设等一系列举措,促进商圈文化特色和潮流消费的发展,让涩谷焕发出新的商业活力。

在具体项目的调改过程中,涩谷商圈的经营主体依托专业化的文化消费品牌运营团队,与商业企业、品牌主体之间建立起紧密的跨界协作。作为涩谷再开发计划之一的 SHIBUYA 109 百货于 2019 年11 月底落成开业,首店效应明显,进驻的 212 个商家中,包括 7 家首次进入日本的店铺、45 家首次进入涩谷区的店铺。涩谷 PARCO 百货于 2016 年 8 月到 2019 年 11 月进行整体升级改造,项目将文化娱

---

① 《银座变得不像银座? 银座的苦恼》,https://www.517japan.com/("日本通",发表时间:2019.07.13)。

乐业态作为重点业态,通过文化空间与快闪铺位的相互融合,实现对新世代群体的吸引。

(2) 城市标杆商业项目

东京中城日比谷商业综合体——突出模式创新与跨界融合

2018年3月,东京中城(Midtown)日比谷商业综合体项目对外开业。该项目作为典型的轨道交通枢纽上盖综合体①,将办公、购物、美食、艺术等功能进行复合开发,通过强化跨界经营和商业运营模式创新,成为近几年展现日本商业项目开发新趋势的代表性项目。

定位上,强调时尚轻奢与首店效应的叠加。在商场引进的60家时尚轻奢品牌中,包括6家首次进入日本的首店品牌,如日本首家纽约人气餐厅Buvette、香港米其林一星点心店"添好运"、mastermind TOKYO日本国内首家旗舰店等,以及15家首次进驻日本大型购物中心的品牌首店、22家品牌新业态新模式首店。②

业态上,强调跨界融合业态的集聚。如LEXUS MEETS雷克萨斯新概念体验店,将汽车展示、购物、美食三大功能相互融合;"音乐＋美食"主题餐厅Billboard Cafe & Dining,是Billboard Live在日本开设的第二家以音响品牌构建音乐主题的餐厅③;"街头书店＋杂货集市"模式的日比谷中央市场,以日本老牌书店"有邻堂"为核心空间,打造具有"市集感觉"的生活方式街区。

空间上,强调与周边项目的联动发展。东京中城(Midtown)日比谷充分发挥TOD商业设施交通节点的优势,地下一层与日生剧

---

① 项目为东京日比谷站——地铁日比谷线、千代田线、都营地铁三田线三条地铁线交会的轨交枢纽上盖物业。

② 《东京打卡新地标! 日本又一网红mall开业了!》,http://www.winshang.com/("赢商网",转载时间:2018.05.09)。

③ 张文晖:《新复合商业设施样板案例——东京中城日比谷》,"华高莱斯",转载时间:2020.12.18。

场、东京宝冢剧场以及 HIBIYA CHANTER 百货直接联通,形成一个大规模的商业连结体。

3.主要发展特点

(1)通过促进外来消费强化消费增长动力

面对人口老龄化、少子化带来的消费人口规模缩减压力,东京都特别注重通过激发外来消费需求来推动城市发展。东京都将观光产业定义为城市经济发展的支柱产业之一,通过放宽签证限制和大力发展免退税经济等措施推动外来消费的增长。结合日本政府下调一般商品离境退税起退点政策,东京都加速增加退税店铺数量,城市退税店数量近 1.5 万家,为全球退税网点最为密集的城市之一。同时,东京都注重强化旅游与消费购物的联系,形成"东京 TOKYO"整体品牌输出,打造浅草寺佛礼,银座地区百年和果子,秋叶原电器等鲜明的地域消费 IP,实现消费品牌与旅游地域名片的融合,增强对外来游客的吸引力。

(2)通过多元品牌体系建设强化消费地域特色

东京都品牌体系完善,从产品品牌(如资生堂、索尼、花王)、零售品牌(如伊士丹、高岛屋),到既有产品又有零售渠道的品牌(如优衣库、无印良品),形成了完善的品牌生态体系,依托产业优势,在家电、药妆等行业,形成了一批具有地域特色的品牌。东京都注重自有品牌建设,围绕生活方式场景再造,培育形成诸如日本生活杂货集合店 niko and ...,时尚家具杂货铺 ACTUS,超级连锁买手店 H.P.FRANCE 等新生代品牌零售商主体,通过不断推出高周转率的潮牌单品,形成城市消费亮点。

(3)依托高效的供应链体系形成强大的资源配置能力

日本三菱、三井、住友、第一劝银等大型财团,包括旗下三菱商事、三井物产、住友商事和伊藤忠商事等综合商社的发展,推动了上

89

下游产业链资源的纵向整合,金融资本端与产业供给端的横向联合。综合商社通过与银行、制造企业的股权结合、金融合作,打通了产品生产、加工、贸易、批发、零售等环节,实现对供应链的高效控制和管理,成为日本快消品连锁品牌、便利店连锁品牌参与全球市场竞争的核心优势,也为东京都提升消费资源配置能力、提高市场响应速度形成有效支撑。

(四) 大伦敦

1. 消费市场及主要行业发展情况

大伦敦(Greater London)不仅是英国最大的城市,也是全英政治、经济、文化和消费中心,是全球两大超一线(Alpha++)城市之一。[①]英国国家统计局 ONS 公布的数据显示,2018 财年至 2020 财年伦敦家庭平均每周消费支出为 703.1 英镑(约合 902 美元),为同期全英国水平的 1.2 倍。伦敦拥有多元化的人口和文化,囊括了世界各地的移民,使用语言超过 300 种,推动伦敦发展形成了多元的消费业态和成熟的消费市场,文化消费市场尤其具备国际影响力。英国高等教育统计局(HESA)数据显示,疫情影响下的 2020/2021 学年,英国各大高校留学生总数仍达到 60.5 万人,同比增长 8.7%,伦敦留学生人数占全英留学生的 1/4,为伦敦消费市场的国际化与多样性提升提供了有力支撑。

(1) 零售业

2012 年至全球新冠肺炎疫情暴发前,伦敦零售业表现出良好的发展态势,零售业销售额保持持续正增长。英国国家统计局的统计

---

① 全球权威城市评级机构——全球化与世界城市研究组织(GaWC)在其发布的《世界城市名册 2020》(The World According to GaWC 2020)中,将纽约和伦敦两个城市等级定为最高等级 Alpha++。资料来源:https://www.lboro.ac.uk/microsites/geography/gawc/world2020t.html。

数据显示,2012—2019年,伦敦零售业销售额年均增长率超过4%,2019年规模达到914.3亿英镑(不含汽车和摩托车销售额,约合1168亿美元),同比增长10.9%。

虽面临脱欧的复杂环境以及电子商务带来的转型压力,伦敦零售业仍持续吸引零售企业落地。2019年伦敦企业总数52.2万家,占英国总数的19.2%。其中,零售业共有3.9万家企业,占伦敦企业总数的7.4%。2019年伦敦新增企业1.6万家,增长3.2%,其中零售业企业新增3120家,同比增长8%。但是,相关研究数据显示,伦敦企业5年及以上生存率为41.7%,是全英国最低的地区[①],这一方面显示出伦敦零售市场的活力,也反映了激烈的市场竞争环境带来企业的高流动性。

伦敦是全球重要的奢侈品消费城市,根据Savills发布的《奢侈品零售业发展报告:展望2019年》,2018年伦敦奢侈品新增店铺数量全球第一,门店扩展速度超过巴黎、东京和新加坡。2019年伦敦市场对国际零售商的吸引力依旧不减,共计62家国际品牌进驻伦敦市场,创下历史新高。自有品牌和国际品牌的共生发展,使伦敦的高端消费市场保持独特的魅力。

2020年受新冠肺炎疫情影响,伦敦实体商业面临闭店危机,但也推动了电子商务平台业务的增长,2020年英国新晋的6家独角兽企业中,有4家来自伦敦,其中包括二手车交易平台Cazoo、在线社交平台Hopin和在线食品销售平台Gouto三家在线平台企业。[②]行业投资是伦敦零售市场发展的重要驱动力。2021年上半年伦敦IPO募资金额为2014年以来最高,49个IPO共募资98亿英镑,其中,

---

① 数据来源:英国国家统计局网站,https://www.ons.gov.uk/。

② 傅士鹏:《2020英国诞生6只独角兽,疫情下这些行业依然蓬勃发展》,https://cj.sina.com.cn/("新浪财经",转载时间:2020.12.09)。

28%的资金投向了零售业以及衍生的消费产品和服务行业,这其中还不包括消费网络技术的投资。①

（2）旅游业

伦敦是全球卓越的旅游城市,丰富的旅游文化资源,便利的交通配套条件为旅游业的蓬勃发展提供了基础保障。伦敦发展促进署和Google 的调查数据显示,伦敦是全球搜索次数最多的城市和短途旅游目的地。2012 年夏季奥运会至 2019 年新冠疫情暴发前,伦敦游客数量保持良好的增长态势。根据伦敦市政府发布的数据,2018 年伦敦以 1909 万人次的国际过夜游客规模位居全球城市第三,消费规模123.3 亿英镑(约合 165 亿美元)。2019 年伦敦旅游市场规模继续增长,全年国际过夜游客人次达到 2171 万人,同比增长 13.7%,国际过夜游客人数占英国的 53%;总消费达到 157.3 亿英镑(约合 201 亿美元),同比增长 27.5%,占全英的 55%。②受疫情影响,2020 年一季度

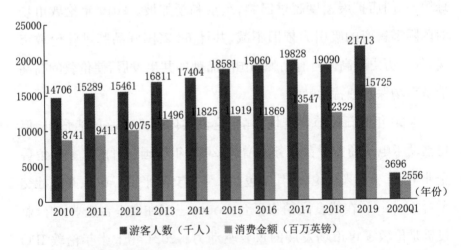

数据来源:伦敦市政府官网。

图 3-2　2010—2020 年伦敦国际过夜游客总人数及消费总金额

---

① 数据来源:美国盈透证券,https://www.interactivebrokers.com/。
② 数据来源:伦敦市政府官网,https://www.london.gov.uk/。

伦敦国际旅客同比下降 18.9％,不到 370 万人,伦敦市景点的访问量下降了 79％。

2017 年,《伦敦旅游业愿景》(A Tourism Vision for London)正式发布,提出要将伦敦建设成为世界级旅游目的地,计划至 2025 年游客数量达到 4040 万人次,游客年度消费达到 220 亿英镑。主要推动措施包括强化对外营销推介和城市旅游项目促销,吸引更多的首次访问者和非高峰期的旅行群体;通过投资文化基础设施、改善游客设施和利用数字技术,确保伦敦能够维持和容纳越来越多的游客;发展商务旅游,完善商务访问的基础设施,确保城市对活动组织者和参与者的吸引力。2019 年 12 月,伦敦发展促进署与英国旅游局联合颁发伦敦旅游奖,表彰伦敦旅游、酒店等行业中为游客提供卓越体验的企业。2020 年疫情期间,发展促进署发起"因为我是伦敦人"的活动,邀请当地人讲述这座城市的故事,鼓励大家深度探索伦敦这个城市。尽管疫情使全球旅游业陷入低迷,知名国际咨询公司 Resonance Consultancy 发布的《2021 世界最佳城市报告》中,伦敦被评为 2021 年全球最佳旅游城市。

(3) 住宿与餐饮业

2019 年,伦敦餐饮业就业总人数达到 35.6 万,与 2018 年基本持平。从各类餐饮业就业人员分布看,外卖食品店和流动食品摊、集会餐饮服务场所、其他餐饮服务场所就业人数比 2018 年稍有下降,其他类型餐饮业从业人员数量均有所上升。其中,有证餐馆提供数量最多的就业岗位,实际就业人数超过 13 万。从增长幅度看,2019 年,有证俱乐部、无证餐馆和咖啡厅就业人数增长最快,增幅分别为 7.5％和 5.8％。无证餐馆和咖啡厅就业人数 2016 年至 2019 年保持连续增长,有证俱乐部就业人数在 2017—2018 年连续两年出现小幅下滑后,2019 年实现反弹性增长。

表 3-4　2016—2019 年伦敦各类餐饮业就业人员分布(单位:人)

类　别	2016	2017	2018	2019
有证餐馆	119528	125285	130095	131157
无证餐馆和咖啡厅	54785	58999	60151	63652
外卖食品店和流动食品摊	35371	36286	38835	38118
集会餐饮服务场所	32274	37420	35526	31599
其他餐饮服务场所	29240	31858	35345	34769
有证俱乐部	9381	9054	8786	9448
酒馆和酒吧	46449	46623	46175	46911
总　　计	327028	345525	354913	355654

　　注:* 有证餐馆(licensed restaurant)指持有售酒牌照,获得酒类销售许可的餐馆;无证餐馆和咖啡厅(unlicensed restaurant and café)指未获得酒类销售许可的餐厅。
　　数据来源:英国国家统计局 ONS。

　　在新冠肺炎疫情影响下,伦敦餐饮网点数量仍保持增长。英国国家统计局数据显示,2020 年伦敦餐饮场所数量共计 2.2 万个,同比上涨 2.6%。其中,餐馆和流动食品摊数量增长 1.8%,总数达 1.7 万家;集会餐饮服务场所数量增长 12.6%,总数达到 2005 家;酒水和饮料供应场所增长 0.4%,数量达到 2755 家。

表 3-5　2017—2020 年伦敦各类餐饮场所数量变化(单位:人)

类　别	2017	2018	2019	2020
餐馆和流动食品摊	15615	15945	16330	16620
集会餐饮服务场所	1665	1715	1780	2005
其他餐饮服务场所	540	565	625	655
酒水和饮料供应场所	2730	2725	2745	2755
总　　计	20550	20950	21480	22035

　　数据来源:英国国家统计局 ONS。

　　伦敦高端酒店供给优势显著,Booking.com 网站的酒店统计结果显示,2020 年伦敦地区五星级酒店(含五星级标准)数量达到 150

家,四星级酒店(含四星级标准)数量达到 379 个,分别占伦敦酒店总数的 15% 和 37%。2018 年,伦敦酒店客房入住率达到 83.6%,创下了有记录以来的最高水平。①受新冠肺炎疫情影响,伦敦酒店行业遭遇重创。英国国家统计局数据显示,2020 年 4—6 月封锁期间,英国酒店住宿业营业额不足 2019 年同期八分之一。全球酒店咨询公司华盛国际(HVS)数据显示,2020 年伦敦酒店的营业利润约为 2019 年的三分之一。在这样的环境下,伦敦酒店业开始寻求积极的转型自救之路,推出客房办公服务,把预定服务改为从早八点到下午六点的办公时间段,为不想待在家里的办公族提供新选择。由于短租房价比酒店更有优势,疫情期间伦敦短租业表现总体优于酒店业。截至 2020 年 10 月,伦敦 Airbnb 短租入住率达到 62.4%,而同期伦敦精品酒店入住率不足 20%。②伦敦酒店式公寓的市场恢复也明显优于传统精品酒店和连锁酒店。

2. 消费载体发展情况

(1)城市地标商圈商街

伦敦西区改造计划——市场化运营推进区域整体改造

伦敦共有商业街 600 多条,占英国商业街总数的 20%。英国国家统计局相关研究显示,伦敦商业街及其周围区域聚集了超过 20 万家店铺,是伦敦店铺总数的 41%,创造了近 150 万个工作岗位。以牛津街(Oxford Street)、邦德街(Bond Street)和摄政街(Regent Street)为代表的伦敦西区,形成了鲜明的分区经营特色,牛津街是最佳的国内外游客消费目的地,摄政街是最佳的国际品牌旗舰店聚集地,邦德街则是最佳的奢侈品集聚地。

---

① 数据来源:Robert Barnard,BDO London,2019。
② 数据来源:数据分析公司 STR 发布的全球重点地区短租数据,编译自商业房地产信息机构 COSTAR 的信息洞察报告,https://www.costar.com/article/。

实行公司制运营模式。伦敦西区邦德街、牛津街、摄政街等 600 家零售商、经营者和业主共同组建新西区公司（New West End Company），以公司制组织运营，推动商圈项目转型、目的地营销宣传和外来投资促进。2018 年开始，西区商圈启动综合改造计划，重点加强对基础设施的改造，削减牛津街和摄政街 50％的公交车，加快轨道交通建设进程。同时，实施 1.5 亿英镑的牛津街（Oxford Street）改善计划，1000 万英镑的邦德街（Bond Street）改造计划，1200 万英镑的汉诺威广场（Hanover Square）改造，以及 1800 万英镑的东梅菲尔（East Mayfair）公共领域改造计划。此外，面向国内外消费群体，公司斥资 6000 万英镑打造当地宣传媒体，推进街区商业数字化发展。

依势调整改造计划。受新冠肺炎疫情影响，伦敦西区部分改造计划有所中断，西区积极配合伦敦政府采取一系列支持消费的举措，并适时调整改造计划，以应对疫情冲击。其中包括：开放西区中轴的临时商铺，并增设新的门店，鼓励顾客回流；推动增强零售商店、酒店旅馆、娱乐场所和业主之间的商业合作。此外，为更好推动疫情期间伦敦西区的发展，西区推出了系列创新政策。如伦敦西区与威斯敏斯特房地产协会（WPA）开展合作，灵活动态调整零售、休闲和酒店之间的规划用地性质，以使西区能够响应新的消费和零售趋势，确保未来城市功能空间的弹性发展。

（2）城市标杆商业项目

① 哈罗德百货（Harrods）——历史保护建筑的创新改造

哈罗德百货是世界最负盛名的百货公司之一，拥有 180 多年的历史。2017 年开始，哈罗德启动投资额达 6410 万英镑的翻新计划，主要包括扩建升级美妆区、翻新食品区，以及新增一整层男装和运动装区。在品牌设置上，除高端品牌之外，哈罗德给予平价品牌 20％的空间，以满足各阶层顾客的消费需求。食品区域的更新则进一步强调迎合城市旅游客源市场,特别是亚洲市场的消费需要。

对购物空间场景进行创新改造。项目投入 2000 万英镑,对百货建筑整个主入口门庭和自动扶梯空间进行了重新设计,对自动扶梯位置进行重新调整,形成新的过渡性空间,有效打通底层入口到顶层空间的采光通道,提高入口空间与零售空间之间的联通性。并通过最新的数字技术应用(12 处高精度 LED 艺术屏幕)提升客户体验。哈罗德对伦敦 II 级保护性建筑的整修做了突破,为历史保护建筑的活化利用提供了有意义的案例借鉴。

强化数字服务和内容体验功能。顺应电子支付的发展趋势,哈罗德开通支付宝和微信支付通道,并利用微博开展线上寻宝活动,形成规模庞大的中国微博粉丝群。围绕葡萄酒、美妆、健身等一系列面向年轻客群的产品和服务,强化体验服务,推出包括定制红酒、定制香水等定制服务。

② Coal Drops Yard 购物中心——多元化的社交空间与动线设计

Coal Drops Yard 购物中心是由维多利亚时代的煤炭仓库改造而来,它不仅是一个具有世界级水准的购物中心,同时也是一个适合碰面交流的活动空间。改造后的购物中心较好保留了维多利亚时代建筑的空间格局和结构,同时也增加了不少吸引人流的新亮点,成为一座融合商铺、餐厅、音乐表演、时装秀等文娱购物体验的综合性商业体。

利用公共活动空间引入多元活动。改造后,购物中心大部分商铺沿中央街道分布在两侧,拥有很多路线和出入口,具有街区化的空间效果。购物中心主体分为地面层、高架桥层以及顶层三层,顶层两座建筑的屋顶形成人字形的交汇区域,与不同楼层的连接点形成便捷的动线衔接,合理引导人流汇聚和通过,形成低密度和大面积的公共活动空间,为 Coal Drops Yard 定期举办时装秀、引入快闪店,以及引入音乐会和表演活动提供了场地空间。

实现品牌展示与商务办公的融合。Coal Drops Yard 购物中心包含 55 个不同面积的零售单元,适用于从快闪店到品牌主力店等各种类型的零售店铺。与一般的扁平化品牌店铺布局方式不同,购物中心将新锐品牌集中于邻近的 Lower Stable Street,形成专设的"孵化区",将品牌的旗舰店、办公室和展示厅集合在一栋独立的附属建筑之内,便利企业开展品牌文化交流和展示,更好进行消费功能的延伸和拓展。

3. 主要发展特点

(1) 持续保持城市中心的活力

"确保市中心的活力""城镇中心优先"(Town Centre First)原则是伦敦城市商业空间规划中的一项重要内容,其核心是提升城市中心商业空间的生命力、竞争力和活力。在 2018 年 3 月发布的《国家规划政策框架修改草案》中,伦敦对确保市中心活力做出了明确的要求。伦敦中心城区购物街区集群将 53 条标志性街道作为国际化消费核心承载区域进行整体打造。政府以经营性理念管理城市商业街区,通过大伦敦市政府集团①,利用政府基金广泛吸引社会投资,撬动规模化商业项目和区域商圈的建设更新,实现对商业项目全生命周期的系统化管控。据不完全统计,自 2010 年起包括来自"市长更新基金""外伦敦基金""高街基金"和"伦敦波塔斯试点计划"等超过 8.5 亿英镑政府性投资被用于城市商业的战略投资。

(2) 文化消费市场成熟发达

文化消费是伦敦消费市场增长的重要支撑,同时带来了可观的

---

① 大伦敦市政府集团(Greater London Authority Group)是由伦敦发展署、伦敦运输局等四个独立部门共同组建形成的机构,享受政府财政支持,主要负责推动落实伦敦市长的城市发展战略愿景。

商业投资、就业贡献以及国际游客的导入。伦敦西区不足 1 平方千米的范围内,汇聚了近 50 家剧院,是与纽约百老汇齐名的世界两大戏剧中心之一。据伦敦戏剧协会的统计,2019 年,伦敦各大剧院(包括西区和其他大型剧院)共吸引观众 1530 万人次,票房收入 8.0 亿英镑,上座率达 80.7%,演出场次 1.8 万场。伦敦剧院演出场次占据英国近"半壁江山",场馆数量占英格兰地区的一半。音乐演出消费也是伦敦文化消费市场的重要组成部分,2018 年伦敦吸引 280 万游客前来参加音乐节、观看音乐现场演出,这些音乐活动的消费者为伦敦贡献了 12 亿英镑音乐行业产值,占英国音乐行业产值(45 亿英镑)的 27%。

(3) 创新创意产业形成强大支撑

英国是最早提出"创意产业"概念的国家,伦敦是英国文化创意产业发展最集中的城市。伦敦作为全球的创意中心和广告中心城市之一,集聚全英 85% 以上的时尚设计师,三分之二的国际广告公司的欧洲总部。2018/2019 年财年(数据截至 2019 年 3 月 15 日),大伦敦地区文化创意产业营业额达到 1312.5 亿英镑,在全英占比 55.8%[①],文化创意产业成为大伦敦地区仅次于金融服务业的第二大支柱产业。创意产业的蓬勃发展,为伦敦高街品牌的发展和设计师品牌的繁荣打下了基础,也有力推动了伦敦时尚消费和文化消费市场的发展。与此同时,伦敦积极支持商业创新发展。"商业增长计划"和"市长国际商业计划"等由伦敦发展促进署运营的加速器项目,帮助具有潜力的初创企业在伦敦及其他地区扩张,政府设立"伦敦商业大奖"更好表彰商业创新公司。伦敦正是通过推动文化创意、科技创新,为持续保持城市在全球消费市场的竞争力和吸引力创造了条件。

---

① 数据来源:英国国家统计局,https://www.ons.gov.uk/。

（4）注重城市品牌形象的宣传推广

伦敦城市品牌宣传组织机构包括伦敦发展署（London Development Agency）、伦敦优先（London First）、伦敦旅游局（Visit London）、伦敦投资局（Think London）、电影伦敦（Film London），以及伦敦东、南、西、北、中区发展分署等，这些品牌宣传机构由市长办公室直接管辖①，共同参与伦敦市对外宣传和推介活动，在产业和区域联动上具有很强的协同效应，从而保持高度连续和统一的伦敦城市品牌形象输出。伦敦发展促进署作为伦敦官方推广机构，采用市场化的运行机制，成为国际城市对外宣传的成功典范。此外，伦敦作为全球重要的传媒中心，包括英国广播公司（BBC）、路透社和 WPP 集团在内的多家全球性传媒公司在伦敦设立总部，也为伦敦利用国际媒体宣传本土品牌和活动提供了便利条件。

（五）中国香港

1. 消费市场及主要行业发展情况

中国香港是全球最自由的经济体之一，是重要的国际金融、贸易、航运和科创中心，享有"购物天堂"的美誉。香港高消费结构特征明显。2020 年，香港本地居民人均年收入达到 37.9 万港元（约合 4.9 万美元），高收入水平为本地消费带来强劲支撑；全年香港私人消费总开支达 1.78 万亿港元（约合 2295 亿美元）。从消费支出结构看，租金、差饷、水费及房屋维修费用，食品及不含酒精饮品，衣履及其他个人用品开支三项合计占比接近 40%，各类服务类私人消费支出在香港私人总消费开支中的占比超过 50%。②香港的自由贸易和低税率制度安排，以及旅游购物促进政策带来大规模的外来消费，特别是我

---

① 周丹：《伦敦城市品牌是怎样打造的》，载《中国报道》2007 年第 3 期，第 120—121 页。
② 数据来源：香港特别行政区政府统计处官网，https://www.censtatd.gov.hk/。

国内地消费客流高度集聚,消费枢纽城市特征显著。

（1）零售业

近几年,受外部环境影响,中国香港零售市场波动巨大。中国香港特别行政区政府统计处公布的数据显示,2018 年,香港零售业总销货价值(value of total retail sales)[①]为 4851.7 亿港元(约合 619 亿美元),同比增长 8.7％。2019 年,受社会动荡影响,香港零售业总销货价值仅为 4311.6 亿港元(约合 550 亿美元),比上年下降 11.1％。[②]2020 年叠加新冠肺炎疫情影响,香港零售业进一步下滑。香港统计年刊数据显示,2020 年香港零售业总销货价值仅为 3264.5 亿港元(约合 421 亿美元),比 2019 年大幅下降 24.3％。[③]香港零售企业数量从 2018 年的 64238 家下降为 2019 年的 62411 家,降幅为 2.8％;2020 年,香港共有约 62140 家企业从事零售业务,相比 2019 年下降 0.4％。[④]2020 年香港零售业就业人数(包括所有零售摊档及小贩在内)约为 25.0 万人,比 2019 年下降 4.1％,零售业就业人数占总就业人数(公务员除外)的 9.3％。[⑤]从机构单位数量及雇用人数看,零售业是香港最大的服务行业之一。

由于外来旅游消费减少,香港零售业结构随之发生改变。2018 年珠宝首饰、钟表及名贵礼物的零售额占香港零售业总销货价值的比重为 17.6％,居各行业之首;2020 年该比重仅为 9.3％,下降了 8.3 个百分点。2020 年衣物、鞋类及有关制品类零售额占零售业总销货价值的 9.7％,占比相比 2018 年下降了 3.1 个百分点。2020 年超级市场零售额占香港零售业总销货价值的比例达到 17.9％,占比大幅提升 7 个百分点。此外,耐用消费品,食品、酒类饮品及烟草(超级市

---

① 香港统计年刊中"value of total retail sales"的官方中文名称即为"零售业总销货价值",指本地零售业机构单位销售货品的价值,包括本地实体零售店和网上渠道的销货价值。

② 数据来源:香港特别行政区政府统计处官网,https://www.censtatd.gov.hk/。

③④⑤ 数据来源:《香港统计年刊 2021 年版》。

场除外),燃料占比分别提升 2.6%、2.4%和 1%。①

相比发达的实体零售业,香港电子商务发展相对缓慢。香港统计年刊数据显示,2020 年香港零售业网上销售价值为 205.9 亿港币(约合 26.5 亿美元),仅占香港零售业总销货价值的 6.3%。这可能与居民购物习惯,以及创业成本、城市配送及仓储成本较高等因素相关。

(2) 旅游业

旅游业是中国香港的支柱产业之一。2018 年香港旅游业增加值为 1205 亿港元,占名义本地生产总值比重的 4.5%;接待访港游客6514.8 万人次,入境游客消费总额达到 2723.1 亿港元(约合 347 亿美元),其中过夜游客境内消费为 1935.5 亿港元(约合 247 亿美元),占比 70%以上。②2019 年,访港旅客数量大幅减少,全年访港旅客5591 万人次,比 2018 年下降 14.2%。③2020 年受新冠肺炎疫情影响,香港旅游业再次受到重创。香港旅游发展局公布数据显示,2020 年访港旅客人次不足 360 万,酒店入住率跌至 46%;2021 年访港旅客约 9.14 万人次,同比下跌 97.4%。

香港目的地消费特点十分明显,购物是访港旅客的重要目的之一。政府统计数据显示,访港过夜旅客和不过夜旅客人均购物消费分别约为 6000 港元(约合 765 美元)和 2000 港元(约合 255 美元),分别占其消费总额(非酒店住宿消费)的 60%和 85%以上。此外,近些年娱乐消费占比提升较快,2020 年访港过夜旅客娱乐消费占比将近 6%,比 2010 年的 3%提升了近一倍。

---

① 数据来源:中国香港特区政府统计处,https://www.censtatd.gov.hk/。
② 数据来源:《香港统计年刊 2021 年版》。
③ 数据来源:香港特别行政区政府统计处:《香港统计月刊·专题文章——香港经济的四个主要行业》,2021 年 1 月。

中国香港作为自由港,对外航空联系十分完善,会展业服务设施及配套齐全①,拥有五星级(含五星级品质)酒店 50 余家,是举办全球性会议和展览的理想地点。商务、会展、会议是国外或其他地区旅客访港的重要目的之一。香港贸易发展局数据显示,每年因商务会议访港旅客占比达 13%。其中,内地旅客占比达到一半,南亚及东南亚、欧洲、非洲及中东旅客占比均超过 10%,美洲旅客占比约为 8%。2019 年,香港获评 World Travel Awards 亚洲领先会议目的地、Smart Travel Asia Awards 亚洲最佳会议城市和 India's Best Awards 最佳展览及奖励旅游目的地。②但近年来,由于香港自身的发展问题,以及大陆城市会展业的快速发展,香港商务会议目的访港旅客占比有所下降(由 2010 年的 17% 下降为 2019 年的 13%)。

(3) 住宿与餐饮业

2018 年,中国香港住宿与餐饮业机构单位数量为 1.94 万家,总就业人数 29.4 万人。2020 年,行业机构单位数量下降至 1.76 万家,相比 2018 年下降 9.3%;就业人数 23.6 万,相比 2018 年下降 19.7%。③

中国香港特别行政区政府统计数据显示,2018 年香港从事餐饮服务业的企业 15660 家,餐饮业就业人数 27.2 万人,创造的餐饮业销售及其他收益(sale & other receipts)达到 1575.3 亿港元(约合 201 亿美元)。但受香港社会动荡和新冠肺炎疫情大流行等因素影响,2020 年香港餐饮业销售及其他收益仅为 793 亿港元(约合 102 亿美元),就业人数下降至 21 万人。④

---

①　在香港,举办会议及展览的主要场地包括位于重要商业区的香港会议展览中心、毗邻机场的亚洲国际博览馆,以及位于九龙湾的国际展贸中心。

②　资料来源:香港贸发局:《香港会展服务业概况》,https://research.hktdc.com/。

③　数据来源:《香港统计年刊 2021 年版》。

④　数据来源:中国香港特区政府统计处,https://www.censtatd.gov.hk/。

从餐饮类别来看,中式餐馆是香港所有餐馆类别中收益占比最高的一类。2018 年中餐的餐馆收益(restaurant receipts)超过 521 亿港元(约合 66 亿美元),占香港餐饮店铺总收益的 43.6%;非中式餐馆排名第二,店铺收益占比 29.5%;快餐店排名第三位,店铺收益占比为 18.7%。杂类饮食场所和酒吧收益分别占餐饮店铺总收益的 6.7% 和 1.5%。2019 年以来,餐馆收益占比有所降低,快餐店和杂类饮食场所收益占比上升明显。2020 年中式餐馆和非中式餐馆收益相比 2019 年分别下降 44.4% 和 30.4%。2020 年中式餐馆收益占比为 36.5%,相比 2018 年下降 7 个百分点。[1]受疫情影响,香港市民预期收入有所降低,减少了外出正餐消费需求,更偏向便捷快餐类消费。游客数量的减少,也大幅压缩了餐饮市场的需求。

2018 年末,香港住宿服务行业机构单位数量为 1271 家,就业人数 4.2 万人。受访港人数骤减影响,2019 年和 2020 年行业机构单位数量和就业人数出现持续下降。2020 年,香港住宿服务行业机构单位数量和就业人数分别下降至 1124 家和 3.3 万人,相比 2018 年降幅分别达到 11.6% 和 21.4%。[2]

2. 消费载体发展情况

(1) 城市地标商圈商街

尖沙咀商圈——多措并举应对疫情冲击

尖沙咀是香港的核心商圈和夜生活集聚区之一,主要购物场所包括香港最大的购物中心海港城,以及新港中心、新世界中心、DFS 环球免税店、The ONE(香港最高的大型纯零售商场)等。根据地产咨询机构戴德梁行发布的《亚太地区主要商街报告(2021)》,2020 年

---

① 数据来源:中国香港特区政府统计处,https://www.censtatd.gov.hk/。
② 数据来源:《香港统计年刊 2021 年版》。

香港商铺租赁市场平均租金下跌 38％,但相较铜锣湾地区(下跌 43％),尖沙咀的商铺租金降幅(下跌 35％)相对更小,尖沙咀成为香港零售业面对新冠肺炎疫情恢复表现最佳的地区之一。①2020 年第二季度,香港尖沙咀商圈的商业店铺租金首次超越铜锣湾,成为亚太地区商业租金最高的街区。

快速启动市场应对措施。相较于铜锣湾,尖沙咀商圈具有相对集中的业权主体,在经济下行条件下,能迅速响应市场,出台更具力度和灵活性的应对措施,增强商户的持租信心,达到释放品牌效应和稳定市场的目的。如尖沙咀的核心商业项目海港城,其单一业权主体香港九龙仓置业,在疫情暴发期间迅速为其提供 20 亿港元的租金援助,帮助海港城在疫情期间渡过难关。②

强化首店、新店的引流作用。2020 年 5 月,海港城启动 71 家新店引进策略,以促进客流回升。时尚品牌 Alexander McQueen 香港旗舰店,运动品牌 Lululemon 亚洲最具规模的旗舰店,法国珠宝品牌 Messika 香港首店等相继入驻尖沙咀,带动地区消费市场加速回暖。Tommy Hilfiger、爱马仕等品牌逆市推出扩店计划,表现出对尖沙咀商圈未来商业发展的信心。③

适时推进地区存量商业更新。面对市场低迷,尖沙咀通过实施地区改造更新,为未来发展做出准备。据 2021 年初香港媒体报道,尖沙咀地区存量商业地产正陆续获得发展商收购重建,未来区域内将新增供应超 11 万平方米的商业楼面。

① 周芳颖:《2020 年亚太最贵街区头衔花落香港尖沙咀,深圳罗湖区租金涨幅最大》,载《界面新闻》2021 年第 4 期。
② 朱丽娜:《名店撤退,租金年跌 35％!尖沙咀首次取代铜锣湾跻身亚太最贵购物区》,载《21 世纪经济报道》2021 年第 4 期。
③ 陈奇锐:《爱马仕不担心客流,新一波疫情间重开的香港海港城门店前再现长队》,载《界面新闻》2021 年第 4 期。

（2）城市标杆商业项目

K11 MUSEA——艺术地标的逆势增长之路

2019 年 8 月开业的香港 K11 MUSEA 位于尖沙咀海滨 Victoria Dockside 的核心地带，是 K11 集团全新的国际旗舰店，也是香港文化、艺术与创新设计的新地标。新世界发展有限公司发布的业绩报告显示，2020 年下半年 K11 MUSEA 会员销售额同比增长 156％；截至 2020 年底，K11 MUSEA 出租率高达 99％，每月平均客流达 165 万人次；2021 财年香港 K11 购物艺术馆和 K11 MUSEA 销售额同比上涨 57％，销售业绩远超同期香港零售市场的整体表现。K11 MUSEA 通过"艺术与商业结合"，形成具有个性化的特色品牌效应，在经济下行环境和同质化竞争激烈的香港商业零售市场中，仍保持着良好的经营状态。

面对疫情对零售市场的冲击，K11 以艺术展览带动消费复苏。2020 年 4 月，K11 MUSEA 推出线上展览，开通虚拟导览，实现馆藏数码化，为后期线下艺术展进行了预热，推动形成夏季线下消费热潮。以首店引入吸引消费客流，MoMA Design Store、山本耀司全港首间概念店、Fortnum & Mason 亚洲首店等相继入驻 K11。以全渠道经营保持市场份额。2021 年 2 月，K11 GO HK 小程序上线，同步支持内地直邮和港澳配送，实现旗下地产、购物中心、消费品等多元产品业态会员积分同享，提升会员粘性。在空间场景设计上，打造更具开放性的室内绿色商业空间。K11 MUSEA 倡导健康、绿色的消费理念，设计建设了全球最大的垂直绿化墙之一，连通总面积达到 4000 平方米的室内绿色空间，并于 8 楼设置 Nature Discovery Park 主题场景，打造绿色网红地标。

3. 主要发展特点

（1）保持亚洲奢侈品消费中心地位

由于宽松的监管环境和优惠的税收政策，香港成为亚洲最大的跨国公司区域总部集聚地之一,同时成为有意开拓中国市场的国际奢侈品品牌的国内首入地。中国香港是除巴黎以外,奢侈品品牌网点密度最高的国际化消费城市,高端珠宝、钟表制品销量全球领先。全世界顶尖奢侈品品牌汇集,且在款式丰富度、消费体验度方面在亚洲具有领先优势。2020年,铜锣湾、尖沙咀两大商圈重回世界租金排行榜前两位,体现出全球资本对香港高端消费市场及其商业收益的认可。受疫情影响,香港零售业以及奢侈品行业在经历2020年的下挫后,2021年已经基本止跌,部分高端商业项目已经实现恢复性增长。

(2)体验型消费市场繁荣

中国香港拥有维多利亚港、星光大道、香港艺术馆等众多著名景观和打卡圣地。香港主题公园众多,拥有迪士尼乐园、海洋公园、山顶公园等世界级主题乐园。香港美食菜系丰富,拥有米其林星级餐厅71家。[①]此外,香港文化艺术类展会众多,每年举办的大型艺术盛典与世界级展览吸引世界各地设计师、文艺工作者以及专业观众参加,带动了香港文化体验消费市场的繁荣。其中,比较有影响力的有国际艺术博览会香港巴塞尔艺术展(Art Basel HK)、香港艺术周年度盛展Art Central,以及融合演艺、视觉艺术、电影等多种艺术展演活动的法国五月艺术节等。2018年,香港居民娱乐与消遣支出达到1290.4亿港元(约合165亿美元),约占私人消费总支出的6.5%。受外部不利因素的影响,2019年下滑至1204.2亿港元,2020年进一步降低为875.1亿港元。[②]

(3)贸易港枢纽功能突出

香港大部分进出口货物均实行免征关税政策,促进了市场供给

---

① 2022年6月米其林官网数据。
② 数据来源:《香港统计年刊2021年版》。

的丰富多样。香港国际机场是世界上最繁忙的国际航空货运机场之一,香港也是全球最繁忙的货柜港之一。从港口货柜吞吐量看,2020年香港在全球排名第九。香港是中国内地重要的转口港,2020年,香港转口贸易规模为 4974 亿美元,占总出口贸易的 98% 以上。其中,53% 的转口货物原产地为内地,59% 的转口货物以内地为目的地。[①]由于在出口结算、国际货物中转备货便利度,以及税收优惠方面的优势,不少内地跨境电商企业,尤其是大湾区企业,选择将海外基地设在香港,香港也成为不少跨境电商企业的金融结算中心、品牌授权中心和仓储物流中心。

(六) 新加坡

1. 消费市场及主要行业发展情况

新加坡是亚洲重要的金融、航运和科创中心之一,也是全球知名的旅游城市。新加坡集聚了全球 59% 的科技型跨国企业亚洲总部,三分之一的财富 500 强公司亚洲总部,以及超过 7000 多家跨国公司的运营中心,高端商务人流的导入对新加坡消费市场的国际化形成有力支撑。[②]2020 年新加坡服务业产值占到国内生产总值的 67.7%,服务业中批发与零售贸易增加值占服务业增加值比重达到 27.0%[③],商贸流通功能突出。从消费支出结构来看,消费服务化是新加坡家庭消费支出的显著特征。新加坡统计局发布的《2017—2018 年家庭支出调查报告》显示,2018 财年,新加坡家庭的平均单月消费支出为 4906 新元(约合 3637 美元),其中支出最高的项目是餐饮服务(非食品销售),占整个月均支出的 16.5%(家庭餐饮服务消费支出 810.2

---

① 数据来源:香港贸发局经贸研究,https://research.hktdc.com/sc/。
② 数据来源:新加坡经济发展局,https://www.edb.gov.sg/cn.html/。
③ 数据来源:新加坡政府统计局,https://www.singstat.gov.sg/。

新元/月);文化娱乐、教育支出占比合计达到14.6%。

(1)零售业

近年来,新加坡零售行业整体保持稳定发展。受全球经济下行和逆全球化影响,2019年新加坡零售业发展有所放缓。政府统计数据显示,2019年,新加坡零售业共有机构27637家,同比增加4%;营业收入总额为477.9亿新元(约合350亿美元),同比下降2%。分行业来看,2019年,新加坡个人用品零售机构数量达13030家,比上年增长2.8%,占零售机构总量的47%,营业收入达157.3亿新元(约合115亿美元),与2018年相比实现正增长;一般商品零售机构数量达3722家,比2018年增长3.4%,占零售机构总数的13.5%,共实现营业收入119.3亿新元(约合87亿美元)。①

受全球疫情影响,2020年新加坡零售业实现营业收入414.9亿新元(约合301亿美元),同比下降13.2%;实现零售业增加值56.8亿新元(约合41亿美元),同比下降19.5%。其中,个人用品零售业受疫情影响最为明显,经营收入同比下滑29.0%;一般商品零售业营业收入同比增长8.4%,是所有类别中唯一实现正增长的类别。零售店铺单位坪效也由2019年的12575新元/平方米(约合9219美元/平方米)下滑到2020年的10955新元/平方米(约合7945美元/平方米)。②

受疫情影响,新加坡的零售业正在发生深层次的结构性变化,电子商务加速发展。行业数据显示,2020年上半年,新加坡的电商平台总网络访问量(包括电脑和移动设备)实现了23%的增长;龙头电商企业Shopee、Lazada、Qoo10和EZBuy的访问量分别同比增长82%、10%、12%和63%。据德勤预测,新加坡电子商务市场到2025年将比2020年扩大一倍,商品交易总额(GMV)达到80亿美元。与

①② 数据来源:新加坡政府统计局,https://www.singstat.gov.sg/。

表 3-6　2019—2020 年新加坡零售业各类别的经济指标

	2019			2020		
	机构个数 (个)	经营收入 (百万新元)	增加值 (百万新元)	机构个数 (个)	经营收入 (百万新元)	增加值 (百万新元)
一般商品① (general merchandise)	3722	11929.7	1589.2	3998	12937	1675
运输设备 (transport equipment)	1712	10553.8	1461.5	1866	8565	1107
个人用品② (personal goods)	13030	15726.7	2764.1	13292	11173	1914
家居用品 (household equipment)	3771	6130.7	860.7	4087	6078	636
其他 (others)	5402	3446	376.4	5782	2740	348
总计	**27637**	**47787**	**7051.7**	**29025**	**41493**	**5680**

数据来源:新加坡统计局。

此同时,新加坡是一个城市型国家,税收立法权和征收权集中,营商环境良好,口岸贸易便利化水平较高,跨境电商发展态势良好。在亚太地区,新加坡成为许多跨境电子商务平台的中心枢纽,如亚马逊就将区域总部设在新加坡。根据德勤《科技赋能下的亚太数字贸易》报告显示,通过 RCEP 加强区域合作、增加数字化生活方式以及数字基础设施建设,2020 年新加坡跨境电商销售数字化渗透率达到 51.9%。

（2）旅游业

近几年,新加坡旅游业整体发展趋势向好但并不稳定,受城市规

---

① 一般商品是指非专营商店的零售商品,主要包括大型综合超市、小型超市以及便利店等销售的商品。

② 个人商品是指服装、鞋履及皮具零售专营店铺,药品及医疗用品、化妆品零售专营店铺,光学及摄影产品零售专营店铺,文化及康乐用品零售专营店铺等销售的商品。

模体量限制,产业发展受突发事件和外部因素影响较大。2015年受马航MH370失联事件影响,新加坡旅游收入增速由正转负,跌幅达7.6%。至2016年,游客信心基本重建,旅游收入创2007年以来的新高,达到257亿新元(约合186亿美元);2016—2019年,新加坡旅游市场实现稳定增长,旅游收入年均增长5.3%,入境旅游人次年均增长2.5%。2019年,新加坡入境旅游人次达到1911万人次,比上年增长3.3%;酒店入住率达到87.1%;外来旅游收入达到276.9亿新元(约合203亿美元)。①

2020年受新冠肺炎疫情影响,新加坡旅游市场形势惨淡。2020年旅游收入主要由第一季度贡献,全年共实现旅游收入48.3亿新元(约合35亿美元),仅相当于2019年收入的1/6;全年入境旅游人次为274.2万人次,相当于2019年总人次的1/7。从旅游收入结构来看,2014—2019年,新加坡旅游业中观光娱乐、住宿和购物收入占比较为均衡,均为20%左右,是新加坡主要的旅游收入来源。2019年SEG收入②和购物收入,占比分别为21.7%和20.0%③;餐饮收入占比为10%左右。2020年受新冠肺炎疫情影响,新加坡旅游收入结构发生较大变化。其中,购物收入占比下降了6个百分点,仅为14.6%,其他收入占比上升了6个百分点,占比提高至35.2%。④

近几年,商务旅游与会议、展览与奖励旅游(business travel and meetings, incentives, conventions and exhibition,简称BTMICE)成为新加坡旅游行业发展的重要支撑。统计结果显示,BTMICE游客的人均消费要比一般休闲游客的人均消费多出两倍左右。自2016年起,新加坡政府推出"新加坡商务会奖活动奖励计划(Business Events in Singapore)""惠聚狮城奖励计划(INSPIRE)""新加坡会展

---

①③④　数据来源:新加坡旅游局,https://www.stb.gov.sg/。

②　SEG收入是指sightseeing、entertainment and gambling三项收入,即观光、娱乐及博彩收入。

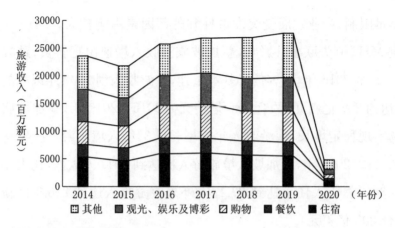

数据来源:新加坡旅游局。

图 3-3　2014—2020 年新加坡旅游收入构成情况

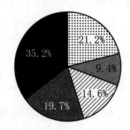

数据来源:新加坡旅游局。

图 3-4　2020 年新加坡旅游收入构成情况

旅游优势计划(SMAP)"等举措,充分挖掘商务会奖旅游市场潜力。2016 年,新加坡旅游局支持了超过 410 项商业活动,吸引了约 34.3 万来自世界各地的商务旅客。[①]2018 年,新加坡旅游局不仅对旅游资讯与服务平台(Tourism Information and Service Hub,下称 TIH)做了更新,而且还针对大中华区会奖业界开发了"新加坡商务会奖旅游"小程序。2018 年,新加坡共接待超过 290 万人次的商务会奖旅客,同比增长 12.1%,消费收益达 46.8 亿新元,同比增长 7.2%。[②]

---

① 数据来源:中国会议产业大会资讯,http://www.meetingschina.cn/。
② 数据来源:中华人民共和国驻新加坡共和国大使馆经济商务处,http://sg.mofcom.gov.cn。

2020 年在新冠肺炎疫情影响下,新加坡旅游局率先探索以线上和线下相结合的方式,分阶段、安全地重新开放会议、展览与奖励旅游业。2021 年新加坡旅游局与国际组织专业会议管理协会(PCMA)、全球展览业协会(UFI)联合推出《疫情下及疫后—重新构想商务活动》白皮书,积极推动会展业的复苏。

（3）住宿与餐饮业

旅游业的发展是新加坡住宿与餐饮业发展的重要推动力。新加坡统计局数据显示,2014—2019 年新加坡的酒店数量稳步增长。公示酒店数量①从 2014 年的 220 家增至 2019 年的 263 家,增幅达到 19.5％。新加坡酒店的平均入住率在 2015 年和 2016 年连续下降后,2017—2019 年实现持续较快增长。2019 年新加坡酒店的平均入住率达到 86.9％,为近五年来的最高点。2020 年受新冠肺炎疫情影响,全球旅游业务陷入瘫痪,酒店业发展遭受重创。2020 年,新加坡公示酒店数量仅增长 1 家,平均入住率由 2019 年的 86.9％下跌至 57.3％,平均房价和酒店客房收入与 2019 年相比分别下降 31.4％和 71.2％。②

在此背景下,宅度假(staycation)服务在新加坡逐渐流行,很多新加坡人会花上一个小周末在城市酒店宅度假。截至 2020 年 12 月 9 日,共有 255 家酒店获准提供宅度假(staycation)服务。③许多酒店与星耀樟宜合作,围绕"体验新加坡"主题,提供短期"伪"出境旅游服务。对于规模较小且强烈依赖国际需求的新加坡旅游市场,此项业务一定程度上推动了酒店入住率的回升。

---

① 公示酒店,必须满足 3 个条件:①符合《酒店法》要求经过登记的酒店;②经过新加坡总理宣布以及政府公报公示的酒店;③由《新加坡旅游法案》宣布为旅游酒店。

② 数据来源:新加坡统计局,https://www.singstat.gov.sg/。

③ 数据来源:《新加坡酒店业今年下半年有望改善》,http://www.mofcom.gov.cn/("中华人民共和国商务部",转载时间:2021.01.04)。

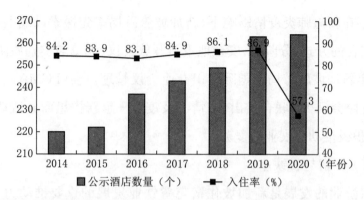

数据来源：新加坡统计局。

图 3-5   2014—2020 年新加坡酒店业基本情况

2014—2019 年期间，新加坡餐饮业总体表现平稳，餐饮业机构数量和营业收入水平实现稳定增长，增加值基本保持增长态势。2019 年，新加坡共有餐饮业机构数 13214 个，数量增长 3.4%，餐饮业营业收入和增加值分别达到 112.1 亿新元和 38.8 亿新元，分别同比增长 2.8% 和 2.7%。从内部结构看，新加坡餐厅共 4929 个，数量占餐饮业机构总数的 37.3%，营业收入达到 40.5 亿新元，占餐饮业营业总收入的 35.5%；咖啡馆、美食广场和餐饮摊贩的数量达 6809 家，占餐饮业机构总数的 51.5%，营业收入达 47.2 亿新元，占餐饮业营业总收入的 41.3%；快餐店和餐饮服务机构分别为 713 个和 763 个。新加坡对餐饮摊贩实行统一的集中化、规范化管理，小摊贩成为新加坡餐饮业的重要组成部分，是新加坡旅游消费的一大特色。

2020 年，新加坡餐饮业机构数量达到 13746 个，同比增长 4.0%，但经营收入同比下降 24.1%，增加值同比下降 30.7%。从机构数量结构看，餐厅数量达到 5200 家，数量增长 5.5%，占餐饮业机构总数比重微增 0.5 个百分点；咖啡馆、美食广场和餐饮摊贩数量为 7007 家，占餐饮业机构总数的 51.0%，呈现小幅下降；快餐店和餐饮服务机构数量分别为 738 个和 802 个，占比保持基本不变。从营业收入结构来看,咖啡馆、美食广场和餐饮摊贩的总营业收入为40.1亿新元,营业收入规模同比下降15.0%,占餐饮业营业总收入的46.3%,较上年增加5.0个百分点;餐厅的营业收入规模同比下降32.0%,占整个行业的31.8%,较上年减少3.7个百分点;快餐营业收入占比提升2.3个百分点,餐饮服务机构下降3.6个百分点,两者营业收入规模分别同比下降11.0%和51.4%。从营业收入规模和结构占比变化来看,餐厅及餐饮服务机构受疫情影响相对大于快餐、美食广场等便捷性餐饮服务机构。

表3-7　2014—2020年新加坡餐饮业主要指标

	2014	2015	2016	2017	2018	2019	2020
机构数(个)	10597	11171	11810	12444	12780	13214	13747
经营收入 (百万新元)	10298	10365.1	10717.8	10818.2	11116.1	11428.6	8668.8
增加值 (百万新元)	3545.4	3665.1	3767.6	3773.1	3825.8	3927.8	2722.7

数据来源:新加坡统计局。

表3-8　2019—2020年新加坡餐饮业分项指标

分　项	2019				2020			
	机构 数量 (个)	占比 (%)	营业收入 (百万 新元)	占比 (%)	机构 数量 (个)	占比 (%)	营业收入 (百万 新元)	占比 (%)
餐　厅	4929	37.3	4054.8	35.5	5200	37.8	2756	31.8
快餐店	713	5.4	1515.7	13.3	738	5.4	1349	15.6
餐饮服务机构	763	5.8	1139.5	10.0	802	5.8	553.9	6.4
美食广场、 咖啡店和 其他场所	6809	51.5	4718.6	41.3	7007	51.0	4010	46.3
合　计	13214	100.0	11428.6	100.0	13747	100.0	8668.9	100.0

数据来源:新加坡统计局。

受疫情封控的影响,新加坡餐饮行业的单月营业额由 2020 年 1 月的 9.9 亿新元下降至 4 月的 4.2 亿新元(当年最低值),5 月营业额为 4.4 亿新元。由于餐馆和酒店被迫关闭,新加坡餐饮住宿行业从业人数从 2018 年(年中)的 13.4 万下降到 2020 年 6 月的 12.5 万人,但仍占全国劳动力的 5.5%。与此同时,疫情期间 Foodpanda、Grab、Deliveroo 等第三方外送平台快速发展,在线餐饮销售规模不断扩大。2020 年 4 月至 2021 年 6 月,新加坡在线餐饮销售额占餐饮销售总额的比重保持在 20% 以上,封锁期间该比重一度达到 40% 以上。

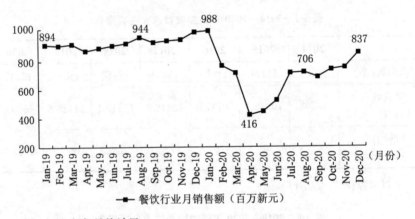

数据来源:新加坡统计局。

图 3-6 2019—2020 年新加坡餐饮行业月销售额

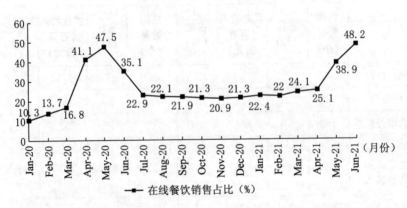

数据来源:新加坡统计局。

图 3-7 2020—2021 年上半年新加坡在线餐饮销售额占餐饮销售总额比重变化

2.消费载体发展情况

（1）城市地标商圈商街

乌节路商业街——突显街区特色和亮点的大改造

在常住人口不到 600 万的新加坡,乌节路(Orchard Road)每年接待访客近 800 万人次,被评为世界十大购物街之一。新加坡旅游局相关统计数据显示,虽然新加坡旅游人数呈现增长态势,但旅游消费增长不明显,旅游者消费行为发生改变,旅游购物、食品和饮料消费规模出现下降。[①]乌节路作为新加坡旅游消费核心区域,消费吸引力在逐步下滑。在此背景下,2019 年 1 月 30 日,新加坡旅游局、市区重建局和国家公园局公布了"重振乌节路计划",计划主要分为"焕发乌节路生活时尚亮点"和"重现乌节路昔日果园辉煌"两大主题。

整个重振计划分为"纯步行街""个性街区""绿色街区"三个方面。"纯步行街"计划通过对芙蓉路(Buyong Road)至汉地路(Handy Road)约 500 公尺长的重点路段试点步行化街区改造,引入街头活动,吸引消费客流。"个性街区"计划重点引导东陵(Tanglin)、乌节(Orchard)、索美塞(Somerset)和多美歌(Dhoby Ghaut)等地区形成自身独特定位,分别发展成为艺术手工、零售核心、活力娱乐和家庭休闲时尚等不同的核心功能区域,将乌节路打造成不同消费功能聚点相串联的综合消费街区。"绿色街区"计划是此次改造计划中的重中之重,延续新加坡花园城市的特色,在乌节路几个地点栽种豆蔻树和丁香树以追溯乌节路昔日果园的历史,并通过协调街道植物色调,让街道环境更具连贯性和创意性。

[①] 2018 年上半年,新加坡旅游消费支出为 134 亿新元(98.5 亿美元),旅游购物 27.2 亿新元,下降 15%;食品和饮料支出下降 13%至 12.3 亿新元;观光、娱乐和游戏支出增长 2%,达 29 亿美元。数据来源:新加坡旅游局,https://www.stb.gov.sg/。

（2）城市标杆商业项目

① 星耀樟宜——全球枢纽型商业标杆项目

新加坡樟宜机场连续十几年被英国商务旅行者奖、美国商务旅行者奖、商旅中国大奖、旅游名人堂等多个国际评奖组织评为全球最佳机场。[①]除去机场本身的硬件与服务以外，樟宜机场具有开拓革新性的枢纽商业项目"星耀樟宜"，也是其成功的关键。星耀樟宜是交通枢纽功能与多元消费功能融合联动的成功典范。

星耀樟宜打破机场零售的固有模式，充分利用机场客流带来的流量价值，挖掘机场商业优势和潜力。注重在枢纽商业中心中营造具有标杆性的绿色自然、人文艺术及科技零售等多重体验场景，实现交通服务中心与购物中心、娱乐休闲中心功能的相互叠加。星耀樟宜利用连接各航站楼的交通节点空间，通过建筑设计和业态布局上的大胆创新，围绕中央温室花园和全球最大的室内人工瀑布，集聚200家零售店、90家餐饮店，以及 IMAX 影院、过境酒店等，实现机场枢纽功能与城市微度假型购物中心功能的融合。此外，樟宜机场还开通了网上免税购物平台 iShopChangi 和在线首发平台"樟宜首发（Changi-1st）"[②]，打造更为开放多元的购物渠道，24 小时全天候吸引和服务全球消费客群。

② 滨海湾金沙购物广场——引领绿色环保消费理念

滨海湾金沙购物广场（The Shoppes at Marina Bay Sands）是新加坡最大的购物中心之一，汇集了众多国际奢侈品大牌、新锐品牌以及全新概念潮店。新冠肺炎疫情后的滨海湾金沙制定了全球可持续发展计划——金沙 ECO360 全球可持续发展战略，通过从绿色建筑、环保运营、绿色会议以及可持续发展的教育和宣传四个方面制定和

---

①② 资料来源：新加坡樟宜机场集团官网，https://www.changiairport.com/。

调整发展计划,以应对后疫情时代商业发展的变革。通过整体建筑硬件设施的改造提升,赋予购物空间宽敞、明亮、健康的体验感,组织策划绿色消费和绿色活动,体现出对自然资源更好地保护和利用的社会价值。

3. 主要发展特点

（1）打造全球泛娱乐消费目的地

新加坡以"家庭旅游目的地"城市形象塑造为核心,通过体验化、综合性商旅文项目的打造,面向全龄目标客群,促进泛娱乐消费。新加坡以"数字新游乐""智慧科技娱乐"引领娱乐消费业态创新,推出虚拟体验、沉浸演艺、互动娱乐,实现互联网新技术与服务性消费产业多层次、宽领域、高水平的融合。新加坡自 2010 年起将游戏产业消费纳入国际游客旅游收入统计,娱乐观光板块总收入从 2009 年 2.0 亿新元提升到 2010 年 34.2 亿新元,2019 年规模达到 60.0 亿新元。[①]2018 年 10 月 PVP 电竞大奖赛在新加坡举办,2020 年 2 月亚洲首家 24 小时电竞联合办公场所 The Gym 在新加坡开业。此外,新加坡旅游官网开设专栏"电竞爱好者的两日游导览",以职业电竞冠军为形象代言,通过政府对电竞行业的支持,激发新娱乐消费新热潮。

（2）开展系统化的国际城市营销推广

新加坡政府与商业化机构开展长期合作,形成系统化的城市品牌推介方案,开展城市品牌宣传标志、标语的国际征稿,创新城市品牌营销的思路和方法。同时,新加坡通过成立市场化的城市品牌推广营销主体,整合形象策划、宣传推广、品牌运营、活动企划、资源招商、市场拓展等渠道和资源,开展面向国际市场的全周期城市品牌营

---

① 数据来源:新加坡旅游局,https://www.stb.gov.sg/。

销。从 1984 年推出城市旅游品牌"无限惊喜新加坡",到近几年的"我行由我 新加坡""心想狮城",不断升级迭代城市宣传口号,携手不同明星多渠道进行旅游讯息宣传推广。此外,新加坡借助互联网科技,开发旅行决策攻略查询网站,与各国游记平台开展合作,开发运动类消费 APP、花卉预定 APP 等各类细分领域移动端程序,形成有效消费导流。

(3) 注重打造全球领先的商业发展环境

世界银行发布的"2021 年营商环境报告"显示,在"全球营商环境便利度"的排名中,新加坡以 86.2 的综合得分,位居全球各国、地区和经济体第 2 位。根据联合国发布的"2020 全球 B2C 电商指数"排名报告[①],新加坡 B2C 电商指数仅次于瑞士、荷兰、丹麦,排名第四,是最适合发展电商市场的国家或地区之一。同时,新加坡注重引入市场化竞争机制,来提升整体服务水平。2011 年 5 月,新加坡国内税务局和环球蓝联公司共同推出新的电子旅客退税计划(eTRS),支持境外消费者在自助退税机上完成退税操作。除环球蓝联外,爱尔兰的卓越退税(Premier Tax Free)、西班牙的 Innova TaxFree Group 公司、本土途鹅(Tourego)公司等多家共同参与购物退税业务,大幅优化了离境退税体验。

(七) 迪　拜

1. 消费市场及主要行业发展情况

迪拜是中东地区重要的航空中心、物流中心和贸易中心。地处波斯湾地区的迪拜开放融合世界各地文化,拥有世界第一高楼、世界最大的人工岛、世界唯一的七星级酒店等众多的"世界第一",是全球

---

① 该指数衡量了一个国家电商市场发展的完备程度。

著名的旅游城市。琳琅满目的高档商品以及比原产地还便宜的价格,让迪拜成为世界知名的购物天堂。从需求侧看,可支配收入的增长和高收入群体的增加,促进迪拜整体消费能力的提升。迪拜数据中心的消费调查报告数据显示,2017 年,迪拜家庭年均消费能力超 22 万迪拉姆(约合 6.0 万美元),阿联酋本地居民年均消费超 43 万迪拉姆(约合 11.6 万美元),非本地居民平均消费 20 万迪拉姆(约合 5.4 万美元)。迪拜常住人口中,本地人口与非本地人口比例约为 1∶12,多元化的民族结构和较大的收入差异,也带来城市消费的分层和分级化发展。

(1)零售业

据迪拜工商会公布的数据,2018 年迪拜零售市场规模为 1420 亿迪拉姆(约合 387 亿美元),实体店零售仍然是主体渠道,占据 95% 的市场份额。同时,零售电子商务实现快速增长,2018 年销售额达 55 亿迪拉姆(约合 15 亿美元),同比增长 19%。[①]根据迪拜政府的统计数据,2019 年,迪拜批发和零售业(包括汽车修理)增加值达到 1090.7 亿迪拉姆(约合 297 亿美元),占 GDP 的比重为 26.5%;雇员共 61.8 万人,占迪拜就业总人口的 15.9%,吸纳就业人口仅次于建筑业,排

表 3-9　2017—2019 年迪拜部分行业就业人口占就业总人口的比例

	2017(%)	2018(%)	2019(%)
建筑业	27.5	27	26.5
批发和零售业(包括汽车修理)	18.0	15.6	15.9
住宿和餐饮服务	5.0	5.9	5.2
艺术\娱乐	0.5	0.6	0.9

数据来源:迪拜统计中心(Dubai Statistics Center)。

---

① 数据来源: *Sectoral Report Dubai Retailing Jan 2019*,迪拜工商商会经济研究部,https://tbcdubai.org/。

名第二。2020年受疫情影响,批发和零售业(包括汽车修理)增加值仅为926.8亿迪拉姆(约合252亿美元),同比下降15.0%。①

从经济活动的资本构成来看,2019年,迪拜批发和零售业(含机动车修理)共吸纳投资128.9亿迪拉姆(约合35亿美元),仅次于房地产行业,占社会总投资的17.0%。面对新冠肺炎疫情,迪拜政府推出了积极的旅游消费刺激政策。根据迪拜经济和旅游部商业登记和许可部门的一份报告,2021年1—10月迪拜共颁发了55194个新的营业执照,相比2020年同期数量增加了69%,其中41%为商业类营业执照。②根据仲量联行的统计数据,2020年迪拜共新建成11万平方米的零售可出租面积(GLA),累计零售可出租总面积达到420万平方米。

迪拜零售市场对进口商品依赖度较高,迪拜的主副食品、日常生活用品大部分通过进口而来。据估计,在阿联酋零售商店销售的商品,国产商品仅占25%。当地很多大型零售商选择与外国公司进行合作,直接进口产品。本土产品主要集中在迪拜市区传统市集销售,如黄金市集、香料市集等,皆由大批小摊小铺构成,既是市民采购日常生活用品的实惠之处,也是游客淘宝猎奇购买土特产、体验当地市井风情的好地方。

(2)旅游业

依托世界一流的航空基础设施和成熟的港口条件,迪拜成为联通欧洲、亚洲和非洲市场的重要国际旅客中转枢纽,为迪拜在旅游服务、教育服务和医疗服务消费领域打开了增长空间。2019年,迪拜共接待外国(过夜)游客1673万人,较2018年增加5%左右。③2019

---

① 数据来源:迪拜数据中心,https://www.dsc.gov.ae/。
② 数据来源:*Jedidiah Zurik*,迪拜经济旅游部,https://zuriksblog.com/uae/。
③ 数据来源:迪拜数据中心,https://www.dsc.gov.ae/。

年万事达卡全球目的地城市指数报告显示,迪拜在全球最受欢迎的旅行目的地城市当中排名第四。

　　受疫情影响,迪拜旅游业遭受重创。2020 年迪拜入境外国游客数仅为 551 万人,同比下降 67.1%(同期全球市场下降 74%)。①但在政府政策推动下,2020 年下半年开始,迪拜旅游业表现出强劲的回暖态势。迪拜政府自 2020 年 7 月起重新开放国际旅游市场,依托高水准的健康和安全管理标准,迪拜成为新冠肺炎疫情暴发后全球最安全的旅游目的地之一。迪拜旅游和商业营销公司(DCTCM)对零售、酒店和旅游景点的安全协议实行零容忍管理,对通过合规检查的企业给予"迪拜保证"印章,实施技术集成的先进安全控制措施,以防止和减少旅游生态系统内的安全事故。截至 2020 年 7 月,迪拜共有591 家符合健康与安全规定的酒店正常营业,提供 10 万间客房。到2021 年 5 月,批准正常运营的酒店数量达到 715 家,提供客房达 12.8万间。②同时,迪拜旅游局启动了一项积极的国际营销战略。在迪拜重新向海外游客开放之前,两项数字推广活动"直到我们再次见面"和"我们很快就会见到你"就已经先期开展。在迪拜重新向海外游客开放之际,启动第三项活动"准备好了,当你准备好了",相关推广活动效果显著。迪拜旅游局(Dubai Tourism)公布的数据显示,2020 年迪拜接待国际游客人数占全球旅游市场份额的 1.4%,占比相较 2019年提高 0.3 个百分点。③2020 年 7 月至 2021 年 5 月的 11 个月期间,迪拜共计接待 370 万海外过夜游客,旅游业复苏水平在全球城市中处于领先地位。④

---

　　①③　数据来源:*DTCM Annual Visitor Report 2020*,迪拜旅游局,https://dubaitourism.get-bynder.com/。

　　②　数据来源:《迪拜向国际市场开放一周年　接待海外游客 370 万》,载"迪拜人"公众号,转载自《中国旅游业报》2021 年 7 月。

　　④　数据来源:迪拜旅游局官网,https://www.dubaitourism.gov.ae/。

表 3-10　2018—2020 年迪拜接待外国(过夜)游客总数及前七大客源国游客数

2018		2019		2020	
总计/国别	游客数 (万人)	总计/国别	游客数 (万人)	总计/国别	游客数 (万人)
总　计	1592	总　计	1673	总　计	551
印　度	203.2	印　度	197	印　度	86.5
沙特阿拉伯	156.8	沙特阿拉伯	156.5	沙特阿拉伯	40
英　国	121.2	英　国	120	英　国	39.2
中　国	85.7	也　门	103	俄罗斯	29.6
也　门	82.9	中　国	98.9	也　门	24
俄罗斯	67.8	俄罗斯	72.8	巴基斯坦	21.2
美　国	65.6	美　国	66.7	美　国	19.1

数据来源:迪拜统计中心(Dubai Statistics Center)。

(3) 住宿与餐饮业

2019 年,迪拜住宿和餐饮服务行业总产出 418.8 亿迪拉姆(约合 114 亿美元),雇员共 23.3 万人,行业就业人口占迪拜就业总人口的 5.2%。[①]迪拜住宿业以高星级酒店和酒店式公寓为主体,五星级酒店及豪华酒店公寓客房数量占比接近 45%。临近朱美拉海滩的帆船酒店、朱美拉棕榈岛上的亚特兰蒂斯酒店、哈利法塔内的阿玛尼酒店等都是迪拜顶级豪华酒店的代表,其中帆船酒店是世界唯一的七星级酒店。2017—2019 年,迪拜酒店数量保持稳定上涨,2019 年酒店客房数量超过 10 万间。2020 年受疫情影响,酒店数量比 2019 年减少 24 家,但酒店客房数量仅减少 40 间。

自 2020 年 7 月向国际游客重新开放市场后,迪拜住宿业呈现快速回暖迹象。世界旅游组织和阿联酋旅游局公布的官方统计数据显

---

① 数据来源:迪拜数据中心,https://www.dsc.gov.ae/。

表 3-11　2017—2020 年迪拜酒店及其客房数量

	2017	2018	2019	2020
酒店(家)	485	519	544	520
酒店客房(间)	82733	91085	100744	100704

数据来源:迪拜统计中心(Dubai Statistics Center)。

示,2020 年全球酒店平均入住率为 37%,同期阿联酋酒店入住率达到 54.7%,仅次于中国的 58%,位列全球第二。迪拜作为阿联酋的重要旅游城市,2020 年一星至三星级酒店平均入住率达到 59%,四星级和五星级酒店入住率分别为 53%和 45%,标准和豪华公寓平均入住率分别达到 66%和 63%。

表 3-12　2020 年迪拜各星级酒店及其客房数量和入住率

	一至三星级	四星级	五星级	合计
酒店(家)	225	161	134	520
酒店客房(间)	21732	34905	44067	100704
客房平均入住率(%)	59	53	45	—

数据来源:迪拜统计中心(Dubai Statistics Center)。

表 3-13　2020 年迪拜各档酒店式公寓及其客房数量和入住率

	标准(Standard)	豪华(Deluxe)	合计
酒店式公寓(家)	117	74	191
酒店式公寓客房(间)	14398	11845	26243
客房平均入住率(%)	66	63	—

数据来源:迪拜统计中心(Dubai Statistics Center)。

　　不断发展的旅游和休闲业推动了迪拜餐饮业的繁荣发展。欧睿国际(Euromonitor)的报告显示,2011—2016 年间,阿联酋餐饮服务行业复合年均增长率为 8.5%,至 2016 年总产值达到 543 亿迪拉姆(约合 148 亿美元)。①根据迪拜餐饮服务业有效许可证统计数据,

① 数据来源:迪拜工商会(DCCI)援引自欧睿国际(Euromonitor)。

2018 年迪拜专门从事餐饮活动的机构总数达到 11792 家,同比增长 9.8%;迪拜餐饮服务产生了近 20 亿迪拉姆(约合 5.4 亿美元)的价值。①2020 年,新冠肺炎疫情影响下,迪拜餐饮业加快数字化转型。迪拜工商会分析数据显示,2020 年阿联酋食品和饮料市场的在线销售额同比增长 255%,达到 4.1 亿美元。

2. 消费载体发展情况

(1) 城市地标商圈商街

"城市步行"(City Walk)商业街区——突出旅游观光目标导向

"城市步行"商业街(City Walk),位于迪拜市中心,贯穿若干个街区,与迪拜购物中心相距不远。项目一、二期分别在 2013 年和 2016 年正式对外开放,由迪拜 Meraas 集团开发建设,整个项目占地约 93 万平方米,是集购物、美食、休闲、时尚于一体的商业步行街。

步行街的设计和建设充分迎合旅游观光客群的消费需求,商业街整体室外建筑的设计选择浓郁的英伦风格,项目以一个人工湖为景观核心,串联多个室外街区,形成良好的标识导向。品牌定位以休闲轻奢为主,扶植独立品牌,面向中产阶层小资客群,形成与周边购物中心的错位竞争。入驻品牌包括法国珠宝设计品牌 La Collection Privee Jewellery、法国品牌 Crea concept、伦敦服装品牌 Zmilelee、主打生活化服装的杭州服饰品牌 JNBY 江南布衣(该店为江南布衣在中东的首店)。业态设置方面,整个购物街区突出优化餐饮、儿童、休闲娱乐、生活服务等体验业态,注重"高颜值"场所的打造,导入室内热带雨林植物园"绿色星球"(Green Planet)、室内儿童游乐场美泰小镇(Mattel Play! Town)、VR 游乐中心"零度空间"(Hub Zero),以及豪华精品酒店——La Ville 套房酒店等标杆项目,实现消费引流。

---

① 数据来源:迪拜数据中心,https://www.dsc.gov.ae/。

（2）城市标杆商业项目

① 迪拜购物中心——追求全球第一的标杆效应

迪拜购物中心（The Dubai Mall），位于迪拜市中心，占地面积110万平方米，建筑面积55.6万平方米，有1200多个零售店铺，是世界上最大的购物中心之一。为充分消化巨大的商业体量，有效形成市场亮点，迪拜购物中心引入了多个规模型国际品牌主力店铺，形成"Mall中Mall"的业态组合，其中包括面积近2万平方米的老佛爷百货公司（Galeries Lafayette），以及老牌百货公司布鲁明戴尔（Bloomingdale's）。追求全球第一的极致标杆效应是迪拜购物中心的鲜明特色。比如中庭设有中东最大的室内人工瀑布，人工湖中设置全球最大的音乐喷泉，拥有全球最大的激光电影院Cineplex-Reel，全球最大的室内水族馆——迪拜水族馆和水下动物园（Dubai Aquarium and Underwater Zoo），以及专业化水平达到承办奥运比赛程度的迪拜滑冰场（Dubai Ice Rink）。成功的标杆景观和具有目的地导向的消费体验功能，为购物中心带来规模化的消费客流。此外，迪拜购物中心是世界第一高楼哈利法塔的裙楼，哈利法塔观景台的入口设在迪拜购物中心地下负一层，进一步为购物中心带来引流效应。2013—2019年，迪拜购物中心年均客流量超8000万。

② 迪拜阿联酋购物中心——聚焦旅游消费目标客群

阿联酋购物中心（Mall of the Emirates）有630多个零售店，100多间餐厅和咖啡馆，整体商业面积达25.5万平方米。旅游消费同样是阿联酋购物中心发展的核心驱动。购物中心与周边酒店群落、公寓和两座清真寺之间形成密切的功能联动，并依托轨交站点加强与机场和核心旅游景区之间的空间衔接。从空间动线组织来看，百货购物、品牌店铺集中于购物中心中轴两侧，内部两个大型美食广场成为购物区域与休闲娱乐区域之间的串联节点，形成有效的功能联动。

业态设置上,购物中心具有明显的一站式体验消费目的地的定位导向,拥有中东第一个室内滑雪场 Ski Dubai 和雪公园,迪拜最大的室内家庭娱乐中心之一魔术星球(Magic Planet),可容纳 500 人的迪拜社区剧院和艺术中心,空间上呈现集中化布局,面积占比近 1/3。此外,购物中心与迪拜主要度假村和酒店之间提供免费班车接送服务,吸引旅游购物。

③ 伊本·白图泰购物中心——突出国别主题特色

伊本·白图泰购物中心(Ibn Battuta Mall)的最大特色是将历史文化与商业载体有机融合,形成极具地域特色的主题 IP。购物中心根据 14 世纪摩洛哥著名旅行家伊本·白图泰旅行过的中国、印度、波斯、埃及、突尼斯、安达卢西亚六个古国,相应形成六个古国主题馆,俗称"六国城"。各个主题馆在建筑、装饰中体现对应古国的历史、文化、生活元素;每个主题馆都有一个主题展厅,陈列古国的代表性物件,如中国馆陈列的是郑和下西洋的大帆船模型,印度厅陈列的是骑着大象的人物雕像,通过古典环境与现代消费的结合,形成独特购物体验。独特的人文场景体验,带来商业运作上的成功,在原有面积 32.5 万平方米的基础上,购物中心于 2016 年、2017 年分别进行了两次扩建,总建筑面积扩大到 43 万平方米。然而,购物中心的文化展示场景与其商业店铺并未实现充分融合,品牌布局并未依照主题场馆进行国别分区,文化装饰设计和商品陈列展示之间的关联度存在不足。

3. 主要发展特点

(1) 打造世界级旅游消费目的地 IP

迪拜以其屡破世界纪录的城市建筑、奢华的消费标签享誉海内外。通过全球第一高楼——哈利法塔,世界最大的购物中心之一——迪拜购物中心,世界最大垂直立体花园——迪拜奇迹花园等世界级地标,宣传展现迪拜的文化品质。迪拜将这些"世界之最"作为有效的营销载体,实现对城市文化与商业品牌的全球宣传。2019年哈利法塔跨年灯光秀打造世界最大LED显示屏,在城市灯光秀中引入商业广告,吸引全球目光,起到很好的宣传推广作用。此外,迪拜拥有成熟的公共服务体系,让每个来到迪拜的游客获得良好的服务体验。迪拜有着世界上最大的自动化无人驾驶列车系统,覆盖整个地铁网络的高速Wi-Fi,舒适的座椅和空间,配套女性、小孩专用设施,高科技、体贴度成为城市商业消费IP打造中的关键环节。

(2)节庆促销活动丰富多样

迪拜注意利用国家政治、宗教传统、文化艺术活动,以及购物和美食节日,为促进消费营造氛围与契机。迪拜每年在冬夏两季各有一个购物节,迪拜购物节(Dubai Shopping Festival)和迪拜夏日惊喜节(Dubai Summer Surprises),迪拜政府联合各大商场、酒店、餐厅开展打折优惠、购物抽奖等促销活动,配套娱乐表演、艺术展览、时装发布等多样化活动,形成全城消费狂欢。2019年举办的迪拜购物节,10个部门整体联动,吸引超过4000家商店和1000万人次参加。此外,每年3月,定期举办迪拜街头艺术节(Dubai Street Festival),迪拜政府文化部门邀请世界各地的街头表演艺术家在迪拜各大商场与露天广场进行街头表演或艺术展览。每逢公历元旦、阿联酋国庆节(12月2日)以及宰牲节、开斋节、圣纪节、伊斯兰新年等传统节日,迪拜各大商场均会举行文艺表演、免费饮食等庆祝活动,并开展购物打折、购物抽奖等促销活动。近几年,迪拜每年还会举行多种多样的活动庆祝中国春节,各大商场在此期间也会推出促销活动。

(3)开展系统化的城市品牌运作

迪拜商业与旅游业推广局(DTCM)是迪拜酋长国政府负责城市商业和旅游业规划、建设和管理的主导部门,下设战略、投资与开发部、迪拜旅游和商业营销公司(DCTCM)、迪拜节日和零售机构、商务活动机构等部门,并在世界各地设有 20 家办事处。其中,迪拜旅游和商业营销公司(DCTCM)以市场化运作模式,统筹负责迪拜酋长国的品牌推广和营销。迪拜旅游的在线业务覆盖了使用 22 种语言的 80 多个社交媒体渠道,包括 Facebook、Instagram、微信、抖音等,目前已获得超过 2000 万的活跃关注。迪拜还建有远程 360 度全景交互式体验系统,为国外旅行社提供最新资讯和远程交互体验,已被翻译成 14 种语言,在 40 个国家广泛使用。

二、重点领域发展情况

(一)夜间经济发展情况

夜间经济(night-time economy)是指从晚 6 点到次日早上 6 点,在城市特定地段发生的各种合法商业经营活动的总称,是体现一座城市经济开放度和活跃度的重要标志。夜间经济不仅拉动了经济增长,也为城市发展提供了充分的就业岗位,有效促进和繁荣了消费。纽约、伦敦、巴黎、东京、中国香港和新加坡等城市,普遍重视夜间经济的发展。伦敦和巴黎夜间经济发展历史悠久、基础良好;纽约夜生活丰富多元且充满生命力;中国香港和新加坡夜景、夜游和夜间赛事特色突出;东京都也将夜间经济作为吸引外来消费的重要内容在积极推动。

1. 夜间经济发展现状和特点

(1)夜间经济的经济社会效应明显

夜间经济集合了购物、餐饮、休闲、旅游、文化等多种消费相关行业和业态,在拉动经济、促进就业方面具有重要的积极作用。纽约市共有超过 2.5 万家夜生活场所,约 60% 的过夜游客是被纽约的夜生活所吸引。根据 2019 年 1 月发布的《纽约夜生活经济》(*New York City's Nightlife Economy*)报告,纽约夜间经济增长速度快于全美总体经济发展水平。2016 年纽约夜生活产业总共创造了 29.9 万个就业岗位,产生了 130.1 亿美元的职工薪酬,以及 350.1 亿美元的经济总产值。其中,酒吧、餐饮、演出场地、艺术文化和体育休闲五个行业夜生活为纽约市创造了 19.6 万个工作岗位,62 亿美元的工资收入,以及 191 亿美元的直接经济产出。[①]伦敦夜间经济是休闲经济的重要组成部分,也是支撑高街经济发展的重要力量。伦敦夜间经济包括酒吧、俱乐部、餐馆、音乐厅、剧院、便利店、外卖、健身会所、美容沙龙等相关内容。截至 2019 年 6 月,伦敦夜间提供 160 万个工作岗位,接近 18% 的人口从事夜间工作,城市夜间经济价值超过 260 亿英镑。[②]2018 年,日本知名市场调查机构 Macromill 公司对 1000 名 20 岁至 59 岁东京市民就夜间经济问题的网络问卷调查结果显示,有 41% 的东京市民每周夜间出去活动 1 次以上,受访者平均每人每月消费 14519 日元(约合 900 元人民币)[③],夜间消费成为居民消费的重要组成部分。[④]

(2) 夜间文化、艺术和娱乐等体验消费繁荣

纽约夜间经济中餐饮酒吧和文化艺术类消费占比较高。《纽约夜生活经济》数据显示,纽约夜间消费中 73% 的经济产出来自餐饮和酒吧业,23% 的经济产出来自艺术文化和演出活动。酒吧文化、戏剧演艺是伦敦夜间经济的代表。遍布大街小巷的酒吧、俱乐部是这座

---

① 数据来源:*New York City's Nightlife Economy*,https://econsultsolutions.com/。2021 年 6 月纽约市夜生活办公室发布的《纽约夜经济(2018—2021 年)发展报告》最新数据仍为《纽约夜生活经济》报告中 2016 年数据。

② 数据来源:伦敦市政府官网,https://www.london.gov.uk/。

③④ 白波、刘威、李玉川:《国际大都市如何点亮夜间经济》,载《北京日报》2019 年 3 月 18 日,http://wb.beijing.gov.cn/。

表 3-14　2016 年纽约市夜生活的直接经济影响数据

分　类	机构数量(家)	工作岗位(个)	工资收入(亿美元)	经济产出(亿美元)
餐　饮	19400	141000	42	120
酒　吧	2100	13400	4.92	20
艺术文化	1800	18300	8.04	31
演出场地	2400	19900	3.73	12
体育休闲	100	3900	3.52	7.35
总　计	25800	196000	62	191

数据来源:*New York City's Nightlife Economy*,2019。

城夜间经济的主力军。戏剧产业同样是伦敦夜间经济的重要支撑。伦敦戏剧产业具有全球吸引力,2019 年伦敦戏剧观众中 27% 为境外游客。巴黎拥有众多的文化演出活动,巴黎市区共有 130 个剧场,3 个大剧院(其中 2 个为国家级歌剧院)。疫情前,这些剧场每周提供超过三百场的演出活动。巴黎夜店文化盛行,随着电子音乐的流行,越来越多的巴黎青年光顾夜间电子俱乐部。此外,红磨坊、丽都歌舞秀、疯马秀三大秀场也是巴黎吸引夜间游客的一大亮点。香港夜景全球闻名,香港维多利亚港两岸,每晚 8 点开始上演世界最大型灯光音乐汇演"幻彩咏香江",吸引百万游客前来夜游。此外,1846 年开始的跑马地晚间赛马赛事也是香港人民夜间的重要娱乐项目。①由新加坡主办的全球唯一的 F1 一级方程式夜间赛是新加坡夜间经济的"拳头产品"。新加坡夜间野生动物园的"幻光雨林之夜"和滨海湾的"照亮新加坡"等灯光表演秀,广泛吸引国内外游客前来观赏。此外,新加坡推出了众多夜间"亮点"项目,包括亚洲 50 大酒吧评选、新加坡鸡尾酒节等,以释放夜间经济发展活力。

① 《香港夜生活》,bigbustours.com/zh/hong-kong/hong-kong-nifhtlife/。

（3）夜间经济表现出明显的集聚现象

巴黎夜间消费场所主要集中分布在城市的核心地段,中心城区大型商业街,夜间仍保持大规模的出行人流。巴黎六大火车站附近的商业区也可以夜间开放。为保障居住区域的品质和安全,以及对商业从业人员的权益保护,在巴黎其他区域,城市政府对夜间和周末商业均设有相对严格的限制。纽约夜间经济主要集中在繁荣的曼哈顿区。根据《纽约夜生活经济》对纽约市内五个区夜间活动场数量的统计,曼哈顿区是纽约市夜间经济的绝对繁荣之地,整个曼哈顿区域占据全纽约市 50.4% 的夜间经营场所、65.6% 的夜间工作岗位,工资支付占比达到 77.2%。伦敦夜晚活跃区域并不与城市商业中心完全重合,而是与城市特定的功能区域相一致。如繁华的皮卡迪利广场(Piccadilly Circus)和莱斯特(Leicester Square)广场周边,是伦敦著名的媒体中心,汇聚大量的媒体演播室、广告制作中心和后期制作公司,并邻近西区剧院、伦敦 Soho 区及中国城,吸引着各个年龄层次和文化背景的人群,成为伦敦乃至英国最活跃的夜生活集聚区。伦敦金丝雀码头金融机构集聚,餐饮业态占地区商业配套的一半左右,是商务客群夜间消费的重要区域,也是伦敦夜生活的主要集聚地。香港

表 3-15　纽约市五大区夜间经济指标

	场所数（家）	增长率	就业岗位（个）	增长率	支付工资（亿美元）	增长率
布朗克斯区	1700	2%	7600	7%	1.29	9%
布鲁克林区	5500	5%	31100	10%	6.08	15%
曼哈顿区	13000	2%	128900	4%	48	7%
皇后区	4800	3%	24900	7%	6.22	9%
斯塔滕岛区	800	1%	3900	4%	0.64	6%
总　计	25800	2%	196400	5%	62.2	8%

数据来源：*New York City's Nightlife Economy*，2019。

"街市文化"特色鲜明,夜宵遍布大街小巷,港城夜市繁荣繁华,但香港大部分人气夜店则汇聚于港岛的兰桂坊附近,兰桂坊拥有几条街道组成的酒吧区,部分夜店周末通宵营业,成为东南亚有名的夜游胜地。

2. 夜间经济管理措施及经验借鉴

(1)成立专门的夜间经济管理机构和部门

各大城市为促进夜间经济的繁荣有序发展,纷纷设立夜间经济专门管理机构,加强政府对夜间经济的统筹和协同管理。2013年起,巴黎开始带薪外聘夜间市长,管理巴黎的夜间经济生活。此外,巴黎政府还设立夜间经济活动委员会,成立了两个沿岸夜间管理组织,巴黎市政厅和巴黎警察局还设有专员管理夜间公共生活和秩序。2016年伦敦市政府成立夜间经济活动委员会,任命"夜间市长",协调场所经营者和居民之间的关系,促进夜间消费的繁荣。此外,伦敦的酒吧、夜总会、餐馆、音乐活动运营商等共同设立"夜间行业协会"(NTIA),推动行业发展,为政府建言献策。2017年9月,纽约成立"纽约夜生活办公室",负责政府机构、夜间场所经营者、消费者和居民之间的联络工作。同时,组建"夜间生活咨询委员会",负责就如何改善影响夜间生活场所的法规和政策提供咨询和独立建议。[1]2018年3月,纽约任命第一位夜间市长(Night Mayor),负责策划纽约夜间文化活动,协调夜间经济与城市其他功能的关系。

(2)为夜间经济发展提供政策和资金支持

各城市政府主要通过出台支持政策,增加财政预算,给予财政补贴等方式来促进夜间经济的发展。日本观光厅形成《实现"欢乐日本",激活夜间观光资源提案》,提出"东京额外夜间时间理念(Tokyo Premium Night Time)",推动深夜12点以后餐饮店铺的娱乐活动

---

① 周继洋:《国际城市夜间经济发展经验对上海的启示》,载《科学发展》2020年第1期,第77—84页。

（包括跳舞等）合法化，适度延长都内各文化设施、观光设施的开放时间。2020年东京都推出"打造东京独有夜生活体验"项目，共投入70亿日元，用于推进东京都夜间观光，丰富面向高消费阶层的夜间消费内容，增加动漫展馆、设计者之家、5G智慧体验馆等夜间场馆。2015年法国颁布实施《马克龙法案》，将巴黎划分出十二个国际旅游区①，允许国际旅游区中从事餐饮业、旅店业、文化业、零售业的工作者，以及在巴黎六大火车站工作的零售商在周末营业，平时也可以营业至凌晨。同时，巴黎市政府加强对塞纳河夜游、埃菲尔铁塔灯光秀等夜游项目的投入，增加街道灯光设置，灵活运用城市建筑投影技术，举行夜间3D灯光投影展等，以夜秀激发夜间经济活力。公共街市是中国香港夜间经济发展的重要载体，为改善公共街市经营环境，打造更具魅力的街市文化，香港特别行政区政府于2017年公布兴建新街市和翻新现有街市的计划，并预留20亿港元推行为期十年的街市现代化设计计划。

（3）加强支持夜间经济发展的城市配套保障

夜间经济的发展离不开城市交通、安保等方面的配套支持。安保方面，为了保证夜间消费和活动的安全，巴黎警察局会在一些繁华的街区，派人进行二十四小时巡逻，确保夜间从业人员和顾客的安全。伦敦市政府专门增加300万英镑预算加强夜间治安，英国交通警察部门增加100多名警察，144个巡逻站点，保障人们夜间出行的安全。②新加坡城市安全指数位居全球前列，安保系统遍布全岛。为保障夜间旅游项目的顺利开展，新加坡旅游局与新加坡内政部和警察部队开展密切合作，以解决可能出现的社会和安全问题。出行方面，巴黎大区有14条地铁线，周日到周四，运营时间延长到凌晨1点

---

① 最初划定的十二个国际旅游区后来取消了两个，现在共十个。

② 北京第二外国语学院中国文化和旅游产业研究院：《夜间经济发展与管理的国际经验借鉴》，王新兵编辑，载《中国旅游报》2019年2月。

15 分;周五、周六延长到凌晨 2 点 15 分。遇上节假日和大型活动日,部分线路延长运营时间。伦敦市政府于 2016 年 8 月正式在每周五和周六推出夜间地铁服务,11 条地铁线中有 5 条线路在周末 24 小时运行。[①]纽约地铁 24 小时运营,为夜生活消费群体和从业人士提供全天候服务。新加坡 5 条地铁线路和 340 条巴士线路营运至午夜 12 点,周五、周六和节假日提供夜间巴士服务,营运至凌晨 2 点。香港拥有在午夜 12 时至早上 6 时的通宵巴士,覆盖包括香港岛、九龙、新界和大屿山等在内的大部分城市区域。[②]

(二) 免退税经济发展情况

免退税经济最早起源于欧洲,包括免税经济(Duty Free)和退税经济(Tax Free)。免退税经济是一个城市跨境旅游业发展的重要动力,发展免退税经济是吸引和扩大外来消费的重要手段,与国际旅游消费目的地的打造紧密相关。免退税经济由于涉及免税商品的监管、国家税收的征缴、外汇管理等多个方面,普遍实行国家集中统一管理的政策。欧洲免退税经济发展以品牌市场发展为驱动,更注重免退税经济发展的市场化和规范化。美国绝大部分州(包括纽约州)都没有退税政策。东京都免退税经济发展与日本政府观光立国策略紧密联系,注重提升免退税消费的便利度。迪拜、新加坡等国际旅游城市,注重发展机场免税业和提升退税购物的便利化,形成对全球市场的吸引力。

1. 免退税经济发展现状和特点

(1) 免退税经济成为吸引外来消费的重要手段

根据英国旅游局的数据,2018 年国际游客在英国的购物支出为

---

① 周岩:《我国夜间经济发展历程及城市交通对策初探》,第 320—326 页(《2020 年中国城市交通规划》年会论文,2020 年)。

② 数据来源:维基百科,香港通宵巴士路线。

60 亿英镑,其中登记的免税销售额为 35 亿英镑。[①]英国免退税购物每年产生大量销售额,并支持英国本土制造商的品牌推广,如 Burberry、Mulberry、Church's shoes 等英国品牌纷纷在伦敦免税店设立店铺,或者开出离境退税商店,将伦敦作为品牌的国际展示窗。2019 年日本百货店退税销售额达到 3461.3 亿日元,同比增长 2%,创历史新高。其中,一般商品(如家电、皮包、鞋子、衣服、手表、工艺品等)退税销售额为 1880.3 亿日元,同比下降 0.3%;消耗品(食品、水果、药妆、饮料等)退税销售额为 1581 亿日元,同比增长 4.8%。受疫情影响,2020 年日本百货店退税销售额仅为 686.2 亿日元,同比大幅下降 80.2%。其中,一般商品退税销售额为 414.3 亿日元,同比下降 77.7%,消耗品退税销售额 271.9 亿日元,同比下降 83%。[②]

(2)机场免税店是城市免税经济发展的主体

根据世界免税业协会统计,2019 年世界免税业销售规模约 6000 亿元人民币,其中机场免税店占 56%,市内免税店占 35%,机上、邮轮免税店等占 9%。纽约、伦敦、巴黎和东京等城市均有至少 2 个机场免税店,机场免税店品牌丰富,选择多样,提供大量珠宝、香水、化妆品、手表、箱包、服饰、烟草、酒类等商品,既包括大量国外品牌,也囊括众多本土品牌。如伦敦希思罗机场免税店是英国最大的机场免税店,拥有超过 17000 种免税产品[③],除了本土品牌如 Burberry、The Body Shop 等,Chanel、Estée Lauder、Christian Dior 等国际大牌也应有尽有。迪拜、新加坡、中国香港等国际旅游城市机场免税业务十分发达。迪拜国际机场免税店总面积约 3.6 万平方米,商品种类约达 3 万种。2019 年迪拜机场免税店销售额破纪录达到 74 亿迪拉姆

---

① 数据来源:英国国际零售协会,https://internationalretail.co.uk/。
② 数据来源:日本百货店协会:《免税壳上高·来店动向【速报】》,2020 年 12 月。
③ 数据来源:希思罗机场官网,https://www.heathrow.com/at-the-airport/。

（约合 20.15 亿美元）；2020 年受疫情影响，迪拜机场免税销售额大幅下降 65%，仅为 7 亿美元左右；2021 年迪拜机场免税销售有所恢复，全年免税销售额达到 9.76 亿美元，比上一年增长 40%，销售额前五大产品类别分别为香水、酒、烟草、黄金和电子产品。①新加坡樟宜机场免税店由 DFS②和新罗分别经营烟酒和香化的免税业务，2019 年二者合计销售额达到 141.4 亿元（约 18 亿美元）。③2019 年中免香港机场免税店实现营收 24.02 亿元（约 3 亿美元），同比增长 14.54%。④

（3）不同城市退税政策实施和推进情况各异

各城市退税政策一般是针对入境游客（入境时间不超过 6 个月），且设有退税消费起退额，需要在指定退税店才能享受退税。日本离境退税起退点为 5000 日元（约 250 元人民币）。相比免税店，日本退税店只退还消费税，不退关税和烟草税。截至 2020 年 9 月，日本三大都市圈⑤退税店总数为 3.43 万家，其中东京都市圈退税店数量达到 1.45 万家，占三大都市圈比重的 42.27%。⑥新加坡退税起退点为 100 新元（约 505 元人民币），在已加入游客退税计划（TRS）的商店购买商品，可获得 7% 的消费税退税。巴黎退税店起退点为 100 欧元（约 700 元人民币），购买挂有"Tax Free Shopping""Tax Refund""Euro Free Tax"等退税标识的商店里的商品，可以享受退税服务。巴黎城市内奢侈品店、古董店、手工珠宝店、纪念品店等基本都纳入

---

① 数据来源：中国国际贸易促进委员会官网，https://ocpit.org/。
② DFS 2020 年 7 月退出。
③ 数据来源：罗江南：《稀缺绝对收益资产，长期布局时点已至——上海机场（600009）公司深度报告》，长城证券研究报告，2020 年 12 月 24 日。
④ 数据来源：范欣悦：《免税巨擘，厚积薄发——中国中免（601888）公司深度报告》，信达证券，2022 年 4 月 6 日。
⑤ 日本三大都市圈是指东京都市圈、大阪都市圈和名古屋都市圈，统称"东名阪"。
⑥ 数据来源：日本国土交通省观光厅：《消费税免税店（输出物品贩卖场）的都道府县别推移》，2020 年 9 月。

了退税店范围。伦敦退税商店主要退增值税。英国于 2020 年 12 月
31 日撤销了针对非欧盟国际旅客的退税购物政策,从 2021 年开始非
欧盟国际旅客在英国购得的商品将无法在英国出境口岸获得增值税
退税。美国目前只有得克萨斯州和路易斯安那州,外国游客购买商
品可以得到退税,纽约州包括纽约市现阶段没有境外游客购物退税
政策。

2. 免退税经济管理措施及经验借鉴

(1) 扩大退税商品范围,降低退税起退点

2016 年 5 月,日本政府将一般商品的退税下限从 1 万日元下调
至 5000 日元。2018 年日本出台新政将退税额度调整为一般商品与
消耗品合并计算 5000 日元(不含税)以上,50 万日元以下,进一步降
低退税门槛。同时,日本政府积极扩大可退税商品范围,从最初的礼
品型商品、家电及奢侈品等商品为主,拓展到食品、饮料、药品、化妆
品等消耗类必需品,目前,食品、烟酒、服装、化妆品及药品已经成为
日本退税消费规模最大的品类。从 2021 年 1 月 1 日起,法国政府将
退税起退点从 175.01 欧元下调至 100.01 欧元,并且推出 ZappTax 退
税应用程序,为消费者跨区累计退税提供便利。

(2) 优化退税流程,减少新开店限制

各国注重推行电子退税和自助退税,简化退税流程,提升退税效
率。新加坡是世界上首个全面使用旅客电子退税服务的国家。2011
年 5 月,新加坡推出了新的电子旅客退税计划(eTRS),支持游客在
机场内 24 小时开放的 eTRS 自助服务机办理退税手续。随后新加
坡推出支持消费者通过环球蓝联(Global Blue)或途鹅电子退税手机
应用程序办理退税的服务。[①] 日本则自 2018 年开始逐步推进百货商

---

① 资料来源:新加坡旅游官网,http://visitsingapore.com.cn/。

店、家电量贩店及药妆店导入退税中央系统的工作,并在 2021 年 10 月实现退税店退税手续全面电子化。迪拜于 2018 年 11 月开始推出针对境外游客的退税政策,并在迪拜国际机场、阿勒马克图姆国际机场和迪拜世界中心设有 Planet Payment 自助服务亭提供自助退税服务。①法国从 2020 年 12 月 5 日开始,电子退税单和纸质退税单同样有效。降低退税店铺门槛和成本费用也是退税政策创新的主要方向。日本在 2019 年 7 月 1 日实施临时退税店制度,对于已经获得消费税退税店许可的企业单位,新设临时退税店,只需要简单手续便能进行退税销售。该项政策为企业在大型祭典、节庆活动和体育赛事期间新设退税商店提供了便利,为扩大退税销售规模创造了条件。

(3) 优化免退税消费服务,加强对外宣传推广

东京都市内退税购物商店,可在收银台委托第三方代理进行退税业务办理。在对外宣传上,东京都政府帮助退税商店开辟多语种主页,在公共场所为消费者提供退税商店消费服务讯息。东京都政府还积极规划在银座等繁华商圈直接设置提供配送至指定机场、港口的出境免税店(Japan Duty Free),使消费者可以在出境之前以低价购买到所需商品。随着中国游客的日益增多,近年来中国游客成为法国奢侈品的主要消费群体,巴黎很多免税店都提供中文导购服务,官网页面也可以选择中文进行阅读。2019 年 10 月,迪拜针对中国游客进一步升级了退税服务,到访迪拜的中国游客可以通过微信小程序中的腾讯退税通(We Tax Refund)使用迪拜机场的即时退税功能,进一步提高了中国游客的体验度。②

---

① 资料来源:迪拜旅游局官网,https://visitdubai.com/zh/articles/tax-free-shopping-in-dubai/。
② 资料来源:中华人民共和国商务部,http://www.mofcom.gov.cn/。

(三) 本土品牌培育发展情况

品牌不仅是一个标志和名称,更是产品、企业和地区商业价值的体现。本土品牌是供给差异化的重要内容,本土品牌的发展水平在一定程度上反映了城市在国际消费市场的竞争力和影响力。纽约、伦敦、巴黎和东京等城市不仅是国际品牌的集聚地,也是本土品牌的培育和发源地。在本土品牌的培育发展过程中,国际消费中心城市普遍呈现出本土产品品牌和零售企业自有品牌"两条腿"走路的特点。本土产品品牌的培育,体现出城市产业经济基础和历史文化积淀的综合实力,如巴黎在时尚、奢侈品领域的引领地位。零售渠道企业自有品牌的发展则体现出城市消费供应链体系的成熟度,如纽约依托跨国零售巨头,自有品牌发展保持领先。

1. 本土品牌培育发展现状和特点

(1) 各大城市本土优势品牌各有特色

巴黎是全球时尚和奢侈品之都,服饰、箱包、珠宝、手表领域的本土奢侈品牌众多。在德勤发布的《2021年全球奢侈品力量》排行榜中,位于全球前十位的奢侈品集团,路威铭轩集团、开云集团、欧莱雅集团和爱马仕国际集团均来自法国,且公司总部都设在巴黎。在全球著名的综合性品牌咨询公司 Interbrand 发布的"2021全球品牌百强榜"中,巴黎占据6席。伦敦作为欧洲重要的时尚创意中心、金融之都,为时尚品牌发展带来众多投资机遇,同时也孕育出伦敦独具特色的品牌群体"高街品牌"(High Street Brand)。高街品牌以价钱实惠、紧跟潮流为特色,包括 Topshop、Superdry、Jack Wills、Miss Selfridge、Represent 等品牌,伦敦牛津街是高街品牌主要的集聚街区。纽约拥有9个全球百强消费品企业,在全球城市中处于领先地位,包括百事、高露洁、雅诗兰黛等饮料、日化和护肤美妆品牌。根据德勤发布的《2020 全球零售力量》,全球零售 250 强中共有 77 个美国品牌,包括 2 个纽约品牌。纽约作为美国最主要的消费市场,是美国品牌全球化发展的桥头堡。东京都拥有规模庞大的本土品牌体系,无论是地标商圈还是传统商店街都是本土品牌培育的重要载体。发源于银座并走向世界的本土品牌多达上百家,其中包括资生堂、日本图书、和光、松屋等知名品牌。

表 3-16 2021 年全球知名品牌咨询公司榜单法国品牌排名情况

Interbrand 全球品牌百强榜		凯度 BrandZ 全球最具价值品牌百强榜	
品　牌	排名	品　牌	排名
路易威登*	13 名	路易威登*	21 名
香奈儿*	22 名	香奈儿*	40 名
爱马仕*	23 名	爱马仕*	43 名
安　盛	48 名	欧莱雅*	48 名
欧莱雅*	53 名	Orange	91 名
卡地亚*	73 名		
迪　奥*	77 名		
轩尼诗	95 名		
丝芙兰	100 名		

注:*为巴黎本土品牌。
数据来源:Interbrand 全球品牌百强榜,凯度 BrandZ 全球最具价值品牌百强榜。

(2) 零售自有品牌是本土品牌的重要部分

欧美国家零售自有品牌发展处于全球领先地位。2019 年,美国零售商自有品牌销售额为 1423 亿美元[1],自有品牌中销售额增长最快的是沃尔玛的 Great Value、Equate 和 Marketside,分别排名第一、第二和第四,开市客的科克兰排名第三。[2]2020 年,尽管受到疫情影响,但美国零售自有品牌销售额仍达到 1588 亿美元,占总销售额的

---

[1]　数据来源:https://www.statista.com/statistics/。
[2]　数据来源:https://www.numerator.com/resources/blog/。

19.5%,与 2019 年几乎持平。①2020 年,美国超市自有品牌销售增长最高。开市客的自有品牌科克兰 2020 年销售额为 520 亿美元,比可口可乐高出近 200 亿美元。②从商品品类看,美国自有品牌品类销售额居于前列的主要是家居用纸、乳酪、奶制品、新鲜蔬菜、饮料和新鲜肉类等类别。英国四大超市巨头是英国零售自有品牌发展的主体。Kantar 的数据显示,英国自有品牌多年来一直处于稳步发展状态,零售自有品牌占英国所有食品百货销售的份额从 2012 年的 46.8%攀升到了 2020 年的 52.7%。法国零售企业自有品牌同样发达,如家乐福、欧尚等本土企业建立了完善的自有品牌矩阵,形成企业发展的核心竞争力。日本得益于连锁便利店的发展,零售自有品牌得到了较大发展,但发展水平仍低于欧美国家。根据 AC 尼尔森 2015 的调查,欧洲 17 个国家自有品牌销售额占整体零售额的 23%,年均增长率为 4%。相比之下,日本的自有品牌则只有约 4%的占有率。

(3) 数字化和绿色化发展成为重要方向

2020 年,英国数字零售业全球融资金额以 70 亿美元的规模位居欧洲第一、全球第四。③法国零售巨头家乐福近期推出了"2026 年数字零售战略",即以数字为战略核心,逐渐转型进入数字零售阶段。另一大零售商欧尚也决定要推广线上线下相结合的购物方式,为消费者提供多种购物渠道,最大程度地便利人们的生活。日本三越伊势丹、大丸松阪屋百货等企业与 LinkieBuy 签订合作协议,通过上线跨境商城小程序布局线上数字化渠道。④同时,绿色发展成为潮流。

① 数据来源:https://www.statista.com/statistics/。
② 数据来源:https://snacks.robinhood.com/newsletters/。
③ 数据来源:中英科技创新平台:《逆风而上的英国数字零售业》,https://mp.weixin.qq.com/s/YwcLZ549JCBrpJO2sQF8UA("微信公众平台",转载时间:2022.08.04)。
④ LinkieBuy:《日本零售业揭露产业发展未来——数字化转型是必然趋势》,https://mp.weixin.qq.com/s/fxTUKdjJos_P3vHgixxm-w("微信公众平台",转载时间:2021.09.10)。

为应对气候问题,全球大型制造和零售企业纷纷加入 CSR 企业社会责任倡议。2020 年,可口可乐公司承诺回收 75% 投放于市场的塑料瓶。2020 年,日本知名服装品牌优衣库启动"RE.UNIQLO"计划,回收利用旧衣物制作成新衣物,引领绿色时尚。法国商业零售业联合会(FCD)在官网上发布了有关法国零售企业社会责任感的 2021 年度报告。①参与这次报告调研的零售品牌包括欧尚、家乐福、Monoprix、Metro et Système U 等。在 2021 年版的报告中,零售商承诺减少二氧化碳排放,增加绿色产品供给,推动废物回收或再利用。

2. 本土品牌培育发展管理措施及经验借鉴

(1) 加强对本土品牌发展的政策支持

各国包括各城市主要通过完善相关法律、提供优惠贷款和设立配套资金等方式来扶植本土品牌发展。美国政府通过建立完善的知识产权保护法律体系来支持本土品牌在国内外的发展,并且通过《购买美国货法案》和"特殊 301 条款"加强对本土品牌产品的采购和保护。此外,自 2010 年起,纽约市政府启动为期 10 年的"时尚纽约2020"计划,包括设立 NYCfashioninfo 咨询网站,开设设计师培养课程,设立生产基金,为新锐设计师品牌提供贷款和低租金租赁服务。法国政府注重与企业加强合作,依托巴黎时装公会及下设教育集团,推动巴黎时尚产业与品牌展会联动发展,并通过设立投资基金,支持新兴时尚公司进行创业发展。英国是欧洲最早建立商业孵化器的国家,伦敦推出"商业加速计划""企业成长计划"和"市长国际商业计划"等加速器项目②,为高增长和正在扩张规模的初创企业提供金融资本、商务服务和技术对接等方面的支持。伦敦还设有"伦敦商业大

---

① 资料来源:法国商业零售业联合会网站,https://www.fcd.fr/media/filer_public/。
② 资料来源:伦敦发展促进署:《伦敦发展促进署商业加速计划指南》,http://london.cn/businesslondon/。

奖",用以表彰那些新兴商业公司和商业品牌,支持和鼓励新生品牌企业的发展。日本分别于 2005 和 2009 年发布了《推动日本品牌战略——向世界传播日本魅力》《日本品牌战略——促进软实力产业发展》报告,并设立专门政府部门负责募集和挑选具有日本文化和地域特色的品牌,承担品牌部分研发、宣传和推广经费,帮助提高日本本土品牌的国际认可度。[①]

（2）注重推动本土品牌的数字化发展

各城市政府注重帮助中小型企业和个体经营者提高数字化运营能力,搭建合作平台推动企业数字化转型进程。美国推出大数据、云计算等数字化战略,结合大规模减税等普适性政策推动本土品牌数字化发展。2020 年美国时尚设计师协会(CFDA)开发数字发布平台 Runway 360,线上线下同期发布 2021 纽约春夏时装周,为品牌与媒体、消费者和零售商之间搭建数字化连接。英国政府与 GO ON UK 合作,在其新网页 digitalskills.com/business 上提供专为小型企业品牌发展所需的资源,向 22 家本土企业合作伙伴提供 200 万英镑资金,以帮助小型本地企业增加其数字业务。东京政府设立品牌专用网站 andtokyo.jp,促进线上线下资源的共享匹配,在线客流向传统品牌店铺的导流,推动传统品牌店铺在线营销。法国高级定制和时尚联合会与市场营销和数据分析平台公司 Launchmetrics 合作开发了两个全新的数字平台,以支持线上版 2021 春夏季巴黎高定时装周和巴黎男装周,并将专门展示年轻品牌的时尚展厅 Sphère 转移到线上。日本经济产业省设立"中小企业转型办公室",自 2018 年起,通过实施"量身定制 IT"计划(排除企业数字化转型障碍),建立"信息处理支援机构认证"制度(帮助企业选定 IT 供应商),以及配套财税

[①] 崔晓文:《国外制造品牌建设动向与特点探析》,载《竞争情报》2020 年第 1 期,第 56—62 页。

金融政策,加速推进中小企业的数字化转型进程。

(3) 加强对本土品牌的宣传推广

英国支持奢侈品牌商业组织 Walpole 举办系列活动,推广本土品牌。Walpole 成员包括 Burberry、Alexander Mcqueen 等知名大品牌,也包括很多规模较小的英国本土奢侈品牌,该组织每年举办 60 多场活动和倡议,积极推动英国奢侈品牌的全球化发展。东京都政府鼓励所有东京本土品牌在产品中加入统一的"Tokyo"符号,并将其用于观光商品和对外贸易当中,加强对外宣传推广。同时,东京都任命东京品牌大使,加强与奥运会等重大文体赛会的合作,以提升本土品牌的海外市场影响力。此外,东京都还定期开展品牌宣传效果的测定调查,对城市品牌运作情况进行科学评估,及时调整和优化品牌宣传策略。法国利用高层外交对本土品牌进行推广,时任外交部长法比尤斯 2014 年与中国电商阿里巴巴签署协议,推动法国品牌集体进驻天猫。法国精品业联合会(Le Comité Colbert)肩负推广法国奢侈品品牌的使命,2021 年为本土奢侈品品牌发布宣传广告,强调奢侈品行业在法国的重要地位。

第四章　上海实践

上海因商而兴,因商立市,是我国最大的经济中心城市和最具消费基因的城市。本章通过对上海国际消费中心城市建设背景和意义的分析,从多个维度对上海建设国际消费中心城市的基础条件进行梳理,并对上海国际消费中心城市建设的方向和重点进行研究,力争清晰呈现上海建设国际消费中心城市的实践基础和发展图景。

一、上海建设国际消费中心城市的背景和意义

(一) 政策背景

上海是国内率先开展国际消费城市研究和建设的城市之一,早在 2015 年就开展了国际消费城市的相关研究,并在《上海市国民经济和社会发展第十三个五年规划纲要》中提出"加快建设国际消费城市,着力打造国际时尚之都"的目标。《"十三五"时期上海国际贸易中心建设规划》提出要"增强对国内外消费的吸引力,实施'国内国际、双管齐下'的大消费策略,进一步提高上海商业的集聚度、繁荣度、便利度,提升上海消费市场的国际竞争力、吸引力和辐射力,加快

建设国际消费城市"。2016 年 11 月,上海市政府同意在黄浦区和静安区两区建设"国际消费城市示范区"。2018 年 7 月《全力打响"上海购物"品牌 加快国际消费城市建设三年行动计划(2018—2020 年)》出台实施,明确提出"提升消费贡献度、消费创新度、品牌集聚度、时尚引领度、消费满意度,最终建成具有全球影响力的国际消费城市"的工作目标和行动路径。

2021 年 1 月,《上海市国民经济和社会发展第十四个五年规划和2035 年远景目标纲要》提出"加快释放消费潜力,进一步增强消费对经济发展的基础性作用,加快建设国际消费中心城市"。2021 年 4 月,《"十四五"时期提升上海国际贸易中心能级规划》提出"基本建成线上线下融合、引领全球消费潮流的国际消费中心城市"的发展目标。同月,印发《关于加快建设上海国际消费中心城市 持续促进消费扩容提质的若干措施》,提出全力办好"五五购物节",扩大高端消费,打造全球新品首发地,提升本土品牌影响力,全面推进商业数字化转型等 12 条举措。

2021 年 7 月 19 日,商务部召开新闻发布会,宣布在上海市、北京市、广州市、天津市和重庆市,率先开展国际消费中心城市培育建设。7 月 31 日,上海组织召开建设国际消费中心城市动员大会。8 月 25日,上海市人民政府办公厅印发《上海建设国际消费中心城市实施方案》,提出"打造全球新品首发地、全球消费目的地,全面打响'上海购物'品牌,力争到'十四五'末率先基本建成具有全球影响力、竞争力、美誉度的国际消费中心城市"的总体目标,以及 7 个方面 28 项主要任务。

(二) 重大意义

上海发展进入新的阶段,外部环境变化带来新的矛盾和新的挑战,发展商业、繁荣消费,培育建设国际消费中心城市,既是落实国家深化扩大内需战略、推动经济高质量发展、构建新发展格局的重要举措,也是对上海城市核心功能的叠加和放大,对上海发展的意义重大。

1. **上海建设国际消费中心城市是促进形成强大国内市场,畅通国内大循环的重要内容。**消费作为最终需求,是经济增长最基础、最稳定、最持久的动力。特别是当下,国际政治经济格局复杂多变,新冠肺炎疫情影响广泛深远,全球产业链、供应链的安全和稳定面临重大挑战,消费作为内需"稳定器"的作用更加凸显。从国内看,加快建设现代流通体系,推动内贸流通高质量发展,对促进产销衔接、供需匹配,畅通国民经济大循环的重要性进一步凸显。上海作为我国的商业和消费中心,培育建设国际消费中心城市,有助于提升城市的消费资源配置能力和创新引领能力,推动消费提质升级,带动辐射国内市场,推动形成国内统一大市场。

2. **上海建设国际消费中心城市是推进高水平对外开放,促进国内国际双循环的重要选择。**上海建设国际消费中心城市,加快推动形成万商云集的消费供给,成为商品与服务的集散地,消费潮流的引领地,优质商品和服务的标准定义地,以及对内引流全球商品服务的"中转站",对外打响国货潮品的"桥头堡",将有力推动形成国内国外市场相通、产业相融、创新相促、规则相联的良性循环。同时,上海建设国际消费中心城市,推动消费市场规模的进一步扩大,消费需求的持续升级,将吸引更多商贸领域跨国公司全球总部、高端产业链进行近岸布局,进一步提高消费相关行业和消费群体的国际化水平。

3. **上海建设国际消费中心城市是践行"人民城市人民建,人民城市为人民"重要理念,推动实现共同富裕的内在要求。**消费是人民美好生活需要的直接体现。随着人民生活水平的不断提高,消费需求更趋品质化、精细化和多元化。上海建设国际消费中心城市,广泛聚集全球优质市场主体和优质商品、服务,在更大范围内高效匹配全球供需,以供给侧结构性改革引领和创造新需求,推动消费高质量发展,更好满足人民群众对美好生活的新期待,是坚持"人民中心"思想,推动实现"共同富裕"所需要迈出的坚实步伐。

4. 上海建设国际消费中心城市是优化提升城市治理能力,推动后疫情时代城市高质量发展的重要抓手。 新冠肺炎疫情暴发后,消费者对供应链的稳定性,商品和服务的性价比、消费的便利性、消费环境的安全性均提出了更高的要求。疫情也暴露出了城市供应链系统和应急保障系统存在的问题和不足。新的发展背景和条件下,提升城市供应链的韧性和弹性,推动商业数字化转型,倡导和发展健康、绿色消费,成为后疫情时代上海国际消费中心城市建设的重要内容,也是上海城市高质量发展的重要方面。上海国际消费中心城市的进一步建设和发展,将更好推动上海城市治理能力和服务保障水平的提升。

二、上海建设国际消费中心城市的基础条件

(一)上海消费市场发展情况

1. 社会消费品零售总额分析

改革开放以来,上海商品消费市场呈现稳定增长态势。1978年上海社会消费品零售总额(以下简称"社零额")规模为54亿元,2021年增长到18079.3亿元,为1978年的335倍,年均增长14.5%,2021年上海社零额占全国总量的比重达到4.1%,高于2019年同期0.7个百分点,在全国城市中保持领先。从增速看,近五年上海社零额增速总体高于北京、广州、天津三市,略低于重庆市。2020年上海社零额

实现同比增长 0.5％,高于全国增速 4.4 个百分点,也分别高于北京市、广州市和天津市 9.4、4.0 和 15.6 个百分点,但低于重庆 0.8 个百分点。2021 年,上海统筹推进疫情防控和商务经济发展,扩内需促消费政策持续发力,消费创新升级内生动能强劲,消费市场运行稳中向好,全年上海社零额同比增幅达到 13.5％,增速较上年同期提升 13 个百分点;同期全国、北京、广州、天津和重庆社零额增幅分别为 12.5％、8.4％、9.8％、5.2％和 18.5％。全市社零额 2020—2021 两年平均增速为 6.8％,高于全国同期 2.9 个百分点。面对新冠肺炎疫情的冲击,上海消费市场表现出强大的韧性和稳定性。

表 4-1 2011—2021 年上海与全国社会消费品零售总额及年度增速比较

年份	上 海		全 国	
	社零额规模* (亿元)	社零额 年度增速**	社零额规模 (亿元)*	社零额 年度增速**
2011	8052	12.3％	179804	17.1％
2012	8833	9.0％	205517	14.3％
2013	9693	8.6％	232253	13.1％
2014	10593	8.7％	259487	12.0％
2015	11606	8.1％	286588	10.7％
2016	12588	8.0％	315806	10.4％
2017	13700	8.1％	347327	10.2％
2018	14875	7.9％	377783	9.0％
2019	15848	6.5％	408017	8.0％
2020	15933	0.5％	391981	−3.9％
2021	18079	13.5％	440823	12.5％

注:＊社零额规模数据采用《2021 年上海统计年鉴》和国家统计局数据库公布的各年度数据;根据第四次全国经济普查结果及有关制度规定,2011—2019 年社会消费品零售总额为修订数据。

＊＊社零额年度增速采用 2011—2021 年历年上海市和全国"国民经济和社会发展统计公报"公布数据。

数据来源:历年全国、上海统计年鉴和统计公报。

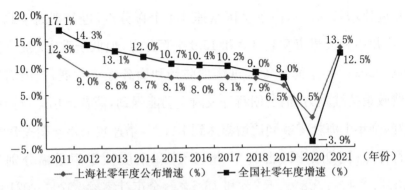

数据来源:历年上海市与国家统计公报。

图 4-1　2011—2021 年上海与全国社零额增幅比较

表 4-2　2020 和 2021 年上海社零额规模和增幅与全国及主要城市的比较

地　区	2021 年社零额规模 (亿元)	同比增长 (%)	2020 年社零额规模 (亿元)	同比增长 (%)
全　国	440823.2	12.5	391980.7	−3.9
上海市	18079.3	13.5	15932.5	0.5
北京市	14867.7	8.4	13716.4	−8.9
广州市	10122.6	9.8	9218.7	−3.5
天津市	3769.8	5.2	3582.9	−15.1
重庆市	13967.7	18.5	11787.2	1.3

数据来源:国家统计局。

2. 居民收支情况分析

居民可支配收入水平决定着居民的即期消费能力,收入的增长是消费增长的基础。上海居民人均可支配收入多年来保持稳定增长,规模位居全国城市首位。2005—2021 年,全市居民人均可支配收入年均增长 9.7%,2021 年规模达到 78027 元,比全国平均水平高出 42899 元。2020 年受新冠肺炎疫情影响,全市居民人均可支配收入仅同比增长 4.0%,2021 年增速恢复到 8.0%。持续增长的收入水平对消费支出形成有力支撑,上海居民人均消费支出水平近年来稳居国内城市首位。2005—2021 年上海居民人均消费支出年均增长

8.1%,2021 年规模达到 48879 元,比全国平均水平高出 24779 元。受疫情影响,2020 年上海居民人均消费支出出现近年来首次下滑,同比下降 6.7%。2021 年上海居民人均消费支出同比增长 14.9%,2020—2021 两年平均增长 3.5%。

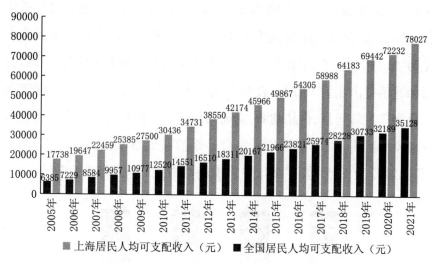

数据来源:国家统计局。

图 4-2 2005—2021 年上海与全国居民人均可支配收入对比

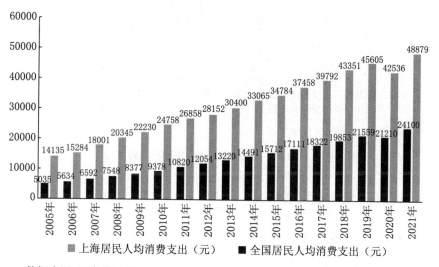

数据来源:国家统计局。

图 4-3 2005—2021 年上海与全国居民人均消费支出对比

3．居民消费结构分析

从近几年的数据看，2017—2019 年，上海居民服务性消费略有提高，医疗保健、教育文化娱乐和交通通信三项服务消费占比从 2017 年的 28.5％提到了 2019 年的 30.8％；食品烟酒类消费略有下降，占比从 2017 年的 25.1％下降为 2019 年的 24％，总体消费结构有所优化。2020 年全市居民食品烟酒类消费占比为 26.4％，衣着类消费占比为 4.0％，居住类占比为 35.9％，生活用品及服务类占比为 4.9％，交通和通信类占比为 10.7％，教育文化娱乐类占比为 8.6％，医疗保健类占比为 7.1％，居住、食品烟酒、交通通信三大类消费占比较大。受新冠肺炎疫情影响，2020 年全市居民食品烟酒类消费支出占比较 2019 年提高 2.4 个百分点，教育文化娱乐类消费占比下降 3.5 个百分点。

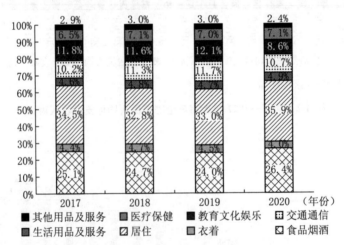

数据来源：上海市统计年鉴。

图 4-4　2017—2020 年上海全市居民消费结构

（二）主要行业发展情况

1．上海零售业发展情况

（1）上海零售市场规模分析

2011—2021 年，上海零售市场保持稳健较高速增长。2021 年，

上海批发和零售业零售额规模达到 16623.3 亿元,为 2011 年的 2.7
倍。除 2013 年以外,历年增幅均高于当年全市 GDP 增幅。全市商
业网络体系的健全,新城商业设施的配套完善,以及城市公共交通基
础设施的优化,推动了上海零售市场的持续性增长。2020—2021
年,受新冠肺炎疫情影响,住宿餐饮行业零售消费有所下降,上海批
发和零售业零售额在全市总社零额中的比重有所提升。2020 年占
比达到 92.6%,较 2019 年上升 1.9 个百分点。2021 年上海批发和零
售业零售额同比增长 12.7%,拉动社零额增长 11.8 个百分点,
2020—2021 两年平均增长 6.1%。上海零售市场的快速复苏对全市
经济的稳步复苏起到积极的推动作用。

表 4-3　2011—2021 年上海批发和零售业零售额及年度增速比较

年份	批发和零售业零售额(亿元)*	社零额占比	年度增速**
2011	7223.9	89.7%	13.8%
2012	7930.5	89.8%	7.9%
2013	8739.4	90.2%	6.9%
2014	9580.9	90.4%	9.1%
2015	10443.5	90.0%	8.2%
2016	11355.0	90.2%	8.4%
2017	12359.1	90.2%	8.1%
2018	13469.2	90.6%	8.2%
2019	14381.3	90.7%	6.8%
2020	14754.2	92.6%	2.6%
2021	16623.3	91.9%	12.7%

注:* 批发和零售业零售额数据采用《2021 年上海统计年鉴》的历年数据;根据第
四次全国经济普查结果及有关制度规定,2011—2019 年批发和零售业零售额为修订
数据。

　　** 年度增速采用 2011—2021 年历年"上海市国民经济和社会发展统计公报"公布
数据。

　　数据来源:《2021 年上海统计年鉴》、上海历年统计公报。

数据来源：上海历年统计公报。

图 4-5　2011—2021 年上海批发和零售业零售额年度增速与 GDP 增速比较

（2）零售品类结构分析

2016—2020 年，上海限额以上社会消费品零售额中各品类占比上升的有 8 大类，包括粮油、食品类，饮料类，服装、鞋帽、针纺织品类，化妆品类，日用品类，体育、娱乐用品类，通讯器材类，其他类；下降的有 7 大类，包括烟酒类，家用电器和音像器材类，中西药品类，文化办公用品类，家具类，石油及制品类，汽车类等；金银珠宝类保持基本持平。其中，化妆品类占比上升幅度达到 5.4 个百分点，汽车占比下降幅度达到 5.9 个百分点。

2020 年上海商品消费市场总体保持平稳，全年实现社会消费品零售总额 15932.5 亿元，限额以上社会消费品零售额 10067 亿元。[①]分品类看，限额以上消费品零售额中服装、鞋帽、针纺织品类，汽车类，粮油、食品类，化妆品类，日用品类五大类零售额合计占比 68.8%。2018 年，服装、鞋帽、针纺织品类超过汽车类成为零售品类中占比最高的一类。2019 年，日用品类取代家用电器和音像器材类成为占比最高的五大类之一。

---

① 数据来源：《2021 年上海市统计年鉴》。

表 4-4 2016—2020 年上海限额以上社会消费品零售额各品类占比

指　　　标	2020	2019	2018	2017	2016
粮油、食品类	10.5%	10.0%	9.4%	10.4%	9.9%
饮料类	0.9%	0.6%	0.6%	0.8%	0.9%
烟酒类	2.4%	2.7%	2.7%	3.0%	3.3%
服装、鞋帽、针纺织品类	23.5%	22.9%	22.9%	21.1%	19.0%
化妆品类	9.4%	6.2%	5.1%	4.8%	4.0%
金银珠宝类	3.0%	2.5%	2.8%	2.8%	3.0%
日用品类	8.1%	6.7%	5.6%	5.6%	5.6%
体育、娱乐用品类	0.6%	0.6%	0.6%	0.6%	0.4%
家用电器和音像器材类	4.8%	6.0%	6.3%	4.6%	7.5%
中西药品类	1.4%	5.3%	5.3%	5.8%	5.9%
文化办公用品类	3.5%	3.2%	3.4%	3.9%	4.0%
家具类	0.8%	0.9%	1.0%	1.1%	1.1%
通讯器材类	5.4%	5.8%	4.9%	4.8%	3.5%
石油及制品类	4.5%	6.3%	7.3%	7.1%	6.0%
汽车类	17.2%	17.7%	19.3%	21.1%	23.2%
其他类	3.8%	2.7%	2.8%	2.6%	2.9%

数据来源：上海市统计年鉴。

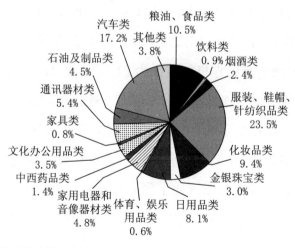

数据来源：上海市统计年鉴。

图 4-6 2020 年上海限额以上社会消费品零售额各品类占比

（3）零售业态分析

随着经济增长、交通改善、商业设施建设以及人们购物习惯变化，上海零售业态发生了重要变化。2016—2019年，除超市、大型超市以外，其他零售业态的零售额均保持增长态势。2020年受疫情影响，便利店、百货店、专业店的零售额同比增速由正转负，百货店和专业店分别同比下降4.2％和2.6％，便利店同比大幅下降16.9％。与便利店相反，超市、大型超市由于品类齐全，基础生活物资供应保障能力较强，扭转了疫情前的下跌趋势，实现了正增长，零售额分别同比增长15.6％和8.3％。仓储会员店、专卖店、网上零售额保持疫情前的增长态势，其中网络商店零售额增长最快，2020年限额以上网上商店零售额达1778.4亿元，同比2019年增长26.6％；其次是专卖店，2020年限额以上专卖店零售额达3441.0亿元，同比增长了16.7％；仓储会员店零售额达到280.0亿元，同比增长8.8％。

从业态占比来看，2020年上海限额以上零售企业中，有店铺零售业态占比为77.6％，其中，专卖店、专业店、百货店零售额占比较高，分别为41.5％、16.2％、8.0％；无店铺零售业态占比为22.4％，其中网上商店零售额占比为21.4％。2016—2020年，上海限额以上零售企业主要业态中，专卖店、网上商店占比有所提高，其中专卖店占比提高了2.8个百分点，网上商店占比提高了6.1个百分点。大型超市、仓储会员店和百货店占比近几年持续下降，其中大型超市和百货店业态占比下滑幅度较大，分别达到3.8和2.5个百分点。便利店、仓储会员店、专业店和电视购物占比呈现小幅下滑。

表 4-5　2016—2020 年上海限额以上零售企业主要业态零售额

	2016 (亿元)	2017 (亿元)	2018 (亿元)	2019 (亿元)	2020 (亿元)	2020 占比(%)
有店铺零售						
便利店	140.3	159.2	161.4	201.4	167.4	2.0
超　市	39.6	52.5	88.0	51.3	59.3	0.7
大型超市	549.5	537.6	493.3	449.0	486.3	5.9
仓储会员店	223.8	227.4	235.8	257.4	280.0	3.4
百货店	592.5	619.8	640.0	689.1	660.5	8.0
专业店	991.7	1032.4	1026.4	1383.6	1348.1	16.2
专卖店	2192.3	2478.1	2840.1	2949.7	3441.0	41.5
无店铺零售						
电视购物	75.4	76.5	78.5	101.4	81.0	1.0
网上商店	870.2	1014.4	1084.0	1404.2	1778.4	21.4

数据来源：上海市统计年鉴。

（4）疫情以来零售业运行情况分析

2020 年初,新冠肺炎疫情给上海消费市场带来了巨大冲击。随着疫情防控形势不断向好,政府主管部门推出了一系列促消费节庆活动和相关政策,积极应对疫情影响促进消费回补释放、提振消费信心,消费市场稳步复苏,并呈现加速回暖态势。

升级类商品消费旺盛。金银珠宝类、文化办公用品类、日用品类、化妆品类在 2020 年两位数增长的基础上 2021 年继续保持高速增长,2021 年零售额分别同比增长 30.3%、40.1%、24.7%、15.7%,2020—2021 两年平均增长分别为 27.1%、25.7%、21.4%、18.8%。因疫情导致的居家办公和远程学习需求带动了个人电脑销售,叠加升级换代需求,文化办公用品增速保持高速增长,2021 年拉动社零额增长 1.2 个百分点。品质消费需求提升叠加消费回流,金银珠宝类、日用品类、化妆品类延续之前的高景气度,合计拉动社零额增长 4.3 个百分点。

基本生活类消费平稳增长。粮油食品类,服装、鞋帽、针纺织品类 2021 年分别同比增长 3.8%、12.3%,2020—2021 两年平均增长 6.7%、5.7%,拉动社零额增长 0.4、2.9 个百分点。

新能源汽车消费快速增长。自 2020 年 4 月起,上海市政府出台了一系列促进汽车消费增长的政策,对汽车市场有明显带动,但随着政策效应减弱、基期抬升、芯片供应链紧张等因素影响,2021 年上海汽车类零售额增速呈现前高后低的走势,自 7 月开始零售额呈同比下降趋势,全年增长 9.9%,2020—2021 两年平均增长 5.4%。2021年全市新能源汽车类零售额同比增长 70.8%,比燃油汽车类零售额同比增速高出 69 个百分点,占汽车零售额比重较上年提升 6.4 个百分点,对汽车类零售额增长贡献率达到 83.3%。

表 4-6   2021 年上海消费市场主要商品大类零售情况

类别名称	零售总额（亿元）	增速（%）	2020—2021 两年平均增速（%）
社会消费品零售额	**18079.3**	**13.5**	**6.8**
金银珠宝类	627.1	30.3	27.1
文化办公用品类	692.3	40.1	25.7
日用品类	1565.0	24.7	21.4
化妆品类	1754.3	15.7	18.8
粮油、食品类	1689.3	3.8	6.7
服装、鞋帽、针纺织品类	4161.1	12.3	5.7
汽车类	2042.1	9.9	5.4
通讯器材类	873.1	14.8	4.7
石油及制品类	558.1	25.0	−0.1
餐饮类	1455.9	22.7	−0.7
家具类	179.1	19.9	−2.5
中西药品类	202.7	−5.2	−4.4
家用电器和音像器材类	653.3	−2.5	−12.2
建筑及装潢材料类	154.4	18.2	−12.5

数据来源:上海市统计局。

受房地产市场增长放缓影响,相关消费尚未恢复至疫情前。家具类、家电类,以及建筑装潢材料类2021年零售额分别同比增长19.9%、−2.5%、18.2%;2020和2021两年平均增速分别为−2.5%、−12.2%、−12.5%,消费增长动能不足。

2. 上海住宿餐饮业发展情况

（1）住宿餐饮业规模分析

2013—2019年上海住宿餐饮业保持平稳增长。2019年上海住宿餐饮业营业额为1806.1亿元,是2013年营业额的1.7倍,2013—2019年住宿餐饮业营业额年均增长率为9.5%。从收入结构看,2019年餐费收入占比达到74.7%,客房收入占比17.1%。2020年受疫情影响,全市住宿餐饮业营业额为1397.2亿元,同比下降22.6%;客房和餐费收入占比分别为11.8%和80.0%,客房收入受影响较大,营业额占比下降明显。

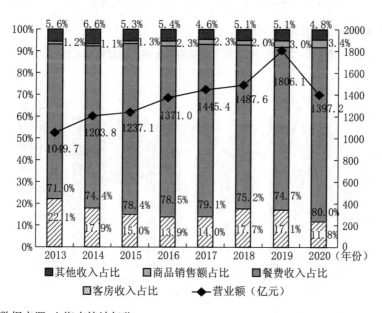

数据来源:上海市统计年鉴。

图4-7　2013—2020年上海住宿餐饮业营业额与结构情况

2008—2019 年上海限额以上餐饮业营业额规模实现持续增长。2019 年上海限额以上餐饮业营业额达 958.7 亿元,是 2008 年营业额的 3.4 倍,2008—2019 年上海餐饮业营业额年均增长率为 11.6%。2019 年上海限额以上餐饮业营业额同比增幅达 23.8%,创五年来最高增幅。2020 年受新冠肺炎疫情影响,上海餐饮业营业额出现下降,同比降幅为 7.2 个百分点。

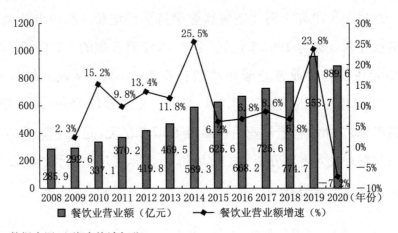

数据来源:上海市统计年鉴。

图 4-8　2008—2020 年上海限额以上餐饮业营业额与增速

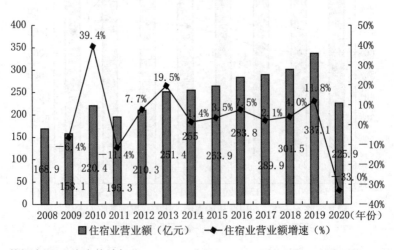

数据来源:上海市统计年鉴。

图 4-9　2008—2020 年上海限额以上住宿业营业额与增速

2008—2019 年上海住宿业营业额波动上升。2019 年上海限额以上住宿业营业额达到 337.1 亿元,为 2008 年营业额的近 2 倍,2008—2019 年上海住宿业营业额年均增长率为 6.5%。2020 年受新冠肺炎疫情影响,上海限额以上住宿业营业额下降至 225.9 亿元,同比降幅达到 33.0%。

（2）住宿餐饮业态分析

2020 年,上海限额以上餐饮业营业额规模为 889.6 亿元。从业态占比来看,正餐服务是上海餐饮业的主要业态,占比达 62.0%;其次是快餐服务和饮料及冷饮服务,分别占比 16.0% 和 14.9%。饮料及冷饮服务业态以咖啡馆为主,营业额高达 103.2 亿元,占饮料及冷饮服务业态的 77.8%,占整个餐饮业营业额的 11.6%。餐饮配送及外卖送餐服务业态以餐饮配送服务为主,占餐饮配送及外卖送餐服务业态的 97.2%。2015—2020 年,限额以上正餐服务、快餐服务、饮料及冷饮服务、餐饮配送及外卖送餐服务营业额年均增长分别为 5.6%、8.4%、10.7%、22.9%,正餐服务年均增速低于餐饮业平均年均增速(7.3%)。

表 4-7　2015—2020 年上海限额以上餐饮业态经营情况

营业额(亿元)	2015	2016	2017	2018	2019	2020
餐饮业	**625.6**	**664.8**	**725.3**	**774.7**	**958.7**	**889.6**
正餐服务	420.5	424.7	405.5	472.3	593.9	551.5
快餐服务	95.0	108.5	170.2	133.0	156.6	142.5
饮料及冷饮服务	79.6	96.9	105.4	118.5	142.8	132.6
茶馆服务	0.4	0.5	0.4	0.2	0.4	0.6
咖啡馆服务	65.1	82.4	91.2	103.2	116.5	103.2
酒吧服务	0.5	0.2	0.2	0.2	0.5	0.7

营业额(亿元)	2015	2016	2017	2018	2019	2020
其他饮料及冷饮服务	13.6	13.8	13.6	14.8	25.5	28.0
餐饮配送及外卖送餐服务	14.7	17.6	25.1	30.9	41.4	41.2
餐饮配送服务	14.7	17.6	23.0	29.0	37.5	40.0
外卖送餐服务	—	—	2.1	1.9	3.9	1.2
其他餐饮业	15.8	17.1	19.0	20.2	24.0	21.8
小吃服务	7.9	8.6	10.5	11.1	12.3	7.9
其他未列明餐饮业	7.9	8.5	8.5	9.1	11.7	13.9

数据来源:上海市统计年鉴。

2020年,上海限额以上住宿业营业额225.9亿元。分星级看,五星、四星、三星、二星住宿占比分别为31.8%、9.6%、3.7%、0.5%,其他住宿占比54.4%。与2015年相比,上海限额以上住宿业态结构发生较大变化。2015年住宿业态中占比最高的为五星住宿,占比为42.5%,其次为其他住宿和四星住宿,占比分别为33.2%和16.2%。2015—2020年,星级住宿业态占比整体呈现下降趋势,特色酒店、民宿等非星级酒店的发展带动其他酒店占比大幅提高21.2个百分点。

从床位数看,2019年,上海星级酒店总床位数达到7.7万张,平均出租率为65.6%。2020年,星级酒店总床位数为7.0万张,平均出租率下降为36.8%,五星级酒店床位数3.5万张,星级酒店平均房价达到609元/间天,房价水平国内最高。上海住宿业发展规模、企业能级保持国内领先。中国饭店协会"2020中国酒店集团规模50强排行榜"数据显示,全国酒店集团客房规模前10强中,上海酒店集团占据4席,锦江国际集团、华住酒店集团、格林酒店集团、亚朵酒店集团分别排名第1、2、4、8位。

表 4-8　2015—2020 年上海限额以上住宿业态经营情况

营业额 （亿元）	2015	2016	2017	2018	2019	2020	2020 年 住宿占比
住宿业	263.9	287.3	290.2	301.4	337.1	225.9	100%
五　星	112.1	119.6	118.9	121.3	119.0	71.7	31.8%
四　星	42.7	45.1	36.8	35.8	34.6	21.6	9.6%
三　星	18.6	17.5	18.4	13.8	13.4	8.4	3.7%
二　星	2.6	2.3	1.9	2.0	2.2	1.2	0.5%
一　星	0.1	0.2	0.1	0.0	—	—	—
其　他	87.7	102.6	114.1	128.7	167.9	123.0	54.4%

数据来源：上海市统计年鉴。

表 4-9　2020 年旅游星级饭店基本情况

指　标	合　计	五星级	四星级	三星级	二星级
饭店数（个）	193	71	60	53	9
客房数（万间）	4.7	2.5	1.5	0.6	0.1
床位数（万张）	7.0	3.5	2.3	1.0	0.1
客房平均出租率（%）	36.8	37.8	36.4	32.4	46.3
营业收入（亿元）	101.4	67.64	25.92	7.13	0.8
平均房价（元/间天）	609	785	430	321	235

数据来源：上海市统计年鉴。

（3）疫情以来住宿餐饮业情况分析

疫情以来，上海住宿餐饮市场在做好疫情防控的同时，积极主动求变，表现出较大的发展韧性。统计数据显示，2020 年，全市限额以上住宿餐饮业法人企业 3315 家，全年数量较 2019 年实现增长，营业收入 985.7 亿元，同比下降 21.3%；2021 年，全市限额以上住宿餐饮业法人企业 3636 家，企业数量出现较大幅度增长，全年营业收入达到 1322.4 亿元，同比增长 21.2%，基本恢复到疫情前水平。

从单月情况看，2020 年 2—3 月受疫情封控影响，全市住宿餐饮业零售额[①]同比下降超过 50%。4 月，全市出台《传染病流行期间餐

① 住宿餐饮业零售额是社会消费品零售总额的组成部分，按月度统计公布，住宿餐饮业营业额未公布月度数据。

饮服务单位经营安全操作指南》,逐步引导餐饮服务单位复工复业及安全经营,行业逐步回暖。同时,通过"五五购物节""环球美食节""上海小吃节"等系列活动,提振了餐饮消费信心,企业经营逐步恢复,住宿餐饮业零售额同比降幅逐月收窄。2020 年首届"上海小吃节"期间,全市近 40 家餐饮企业 4700 余个网点总计实现销售额 13 亿元,月环比增长 53.6%,消费人次超过 6916 万人次,月环比增长 49.6%。①10 月,由于国庆黄金周国内旅游市场回暖和居民消费热度的提升,上海住宿餐饮业零售额同比出现全年首次转正。11—12 月,国内疫情反复,对企业经营造成一定影响,住宿餐饮业零售额同比小幅下滑。2021 年,上海餐饮业总体表现出持续复苏的态势,5 月受第二届"五五购物节"拉动,单月餐饮住宿业零售额达到 139.0 亿元,同比增幅达到 47.3%;下半年,受疫情波动影响,8 月、9 月和 12 月餐饮住宿业零售额同比出现小幅下滑。

表 4-10 2020—2021 年上海住宿餐饮业具体经营数据

	限额以上法人企业/(家)	营业收入(亿元)	税收及附加(亿元)	营业利润(亿元)
2020 年 1—3 月	3244	159.5	0.9	−49.3
2020 年 1—6 月	3304	383.5	3.1	−65.3
2020 年 1—9 月	3302	669.6	4.0	−51.4
2020 年 1—12 月	3315	985.7	5.9	−37.4
2021 年 1—3 月	3619	314.2	1.2	−4.1
2021 年 1—6 月	3624	653.4	3.0	6.4
2021 年 1—9 月	3629	979.4	4.1	4.9
2021 年 1—12 月	3636	1322.4	6.4	0.3

注:限额以上是年主营业务收入 200 万元以上。
数据来源:上海市统计局。

---

① 数据来源:《小吃节大市面,上海 40 家企业 4700 个网点月销售环比增 54%》,https://www.shobserver.com/("上观新闻",转载时间:2020.06)。

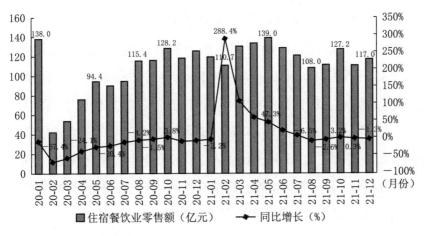

数据来源:上海市统计局。

图 4-10 2020—2021 年上海住宿餐饮业月度零售额与增长率

2020 年,上海酒店住宿行业呈现缓慢复苏状态。上半年,二星级至五星级酒店平均出租率 22.0%。下半年,国内旅游市场逐步复苏,酒店住宿率有所恢复,全年平均出租率为 36.8%,星级酒店平均房价下降 19.2%。从单月情况看,2—3 月份受疫情冲击,全行业平均出租率下降至个位数。自 4 月份起,酒店行业通过旅游平台和抖音直播,制定促销策略,推动周末短时城市度假需求增长,全市星级饭店出租率逐步提升,但 4—6 月平均房价较上年同期跌幅仍超过 20%。7—8 月暑期国内旅游市场回暖,9 月上海旅游节城市推介力度加大,星级饭店出租率逐步恢复到 60% 以上,平均房价提升至 600 元/间天以上,9、10 月份五星级酒店出租率分别达到 60.5% 和 63.6%,为全年最高值。11—12 月受国内疫情反弹影响,星级饭店出租率回落至 50% 以下。2021 年,上海酒店住宿业受国内部分地区疫情反弹影响,呈现出明显的波动性,2 月、8 月和 12 月份星级酒店的出租率均跌破 40%,3—7 月、10 月呈现恢复性增长,出租率恢复至 60% 以上,全年平均房价较 2020 年微升。总体而言,酒店住宿业的复苏相对较缓。

疫情期间,国内高端酒店市场客源发生结构性变化,酒店业转变经营模式,注重以高品质的短期度假产品为带动,主题 IP 休闲娱乐产品＋高端酒店协同开发运营。疫情影响下,外资酒店经营业绩下滑,本土品牌酒店加快高端酒店市场布局。例如,华住旗下高端品牌禧玥、花间堂加快在上海中心城区布局,2020 年 11 月上海首家城市花间堂落户外滩。2021 年上海高端酒店新增供给放量恢复,全年共新增 3718 间客房,其中包括上海中心 J 酒店、前滩香格里拉、松江广富林希尔顿酒店,以及奉贤 JW 万豪酒店等。①

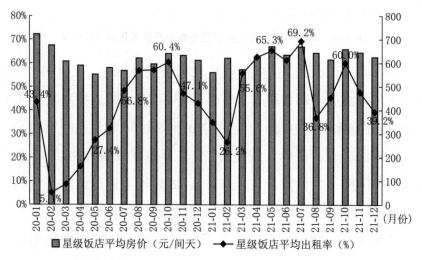

数据来源:上海市统计局。

图 4-11　2020—2021 年上海星级饭店月度出租率与房价

3. 上海旅游业发展情况

（1）旅游业规模分析

2010—2019 年,上海旅游业增加值波动上升,年均增长率为6.1%。但旅游业增加值占上海市生产总值比重呈下降趋势,2010—2014 年下降速度较快,2014 年以后占比维持在 5.7% 左右。2019 年

①　数据来源:仲量联行:《2021 年第四季度上海房地产市场回顾与展望》,https://www.joneslanglasalle.com.cn/。

上海旅游业增加值增长 11.1%,旅游业增加值占上海市生产总值比重为 6.1%。分行业看,旅游商业、旅游住宿业、园林文化业占比较高,2019 年占比分别为 33.5%、18.1% 和 15.6%。[①]2020 年上海旅游业统计公报数据显示,受疫情影响,2020 年上海旅游产业增加值仅为 1314.1 亿元,比上年下降 42.0%。

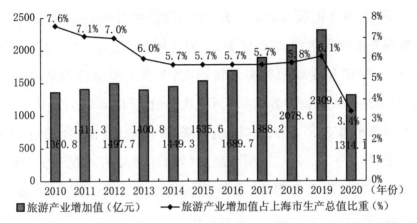

注:旅游产业增加值占比测算中,上海市生产总值采用第四次经济普查结果修订数据,2020 年旅游产业增加值为市文旅局公布数据。

数据来源:上海市统计年鉴、上海市文旅局。

图 4-12　2010—2020 上海旅游产业增加值与占全市 GDP 比重

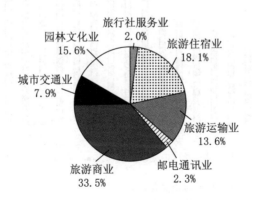

数据来源:上海市统计年鉴。

图 4-13　2019 年上海旅游业增加值分行业结构图

---

① 《2021 年上海市统计年鉴》最新数据为 2019 年数据。

从国际旅游市场看,2001—2019 年上海接待入境过夜国际游客数量波动上升,年均增长率为 7.4%。2010 年因承办第 41 届世界博览会,国际旅客数量大幅增加,全年接待入境过夜游客数量达到 734 万人次。2019 年上海接待入境过夜国际游客 735 万人次,其中外国人游客 599 万人次,占比 81.5%。2001—2019 年,国际旅游外汇收入波动上升,年均增长率为 8.8%。2019 年国际旅游外汇收入达到 82.4 亿美元,同比增长 13.5%,是 2001 年的 3.6 倍。2020 年受新冠肺炎疫情影响,上海入境旅游市场全线萎缩,全年接待入境旅游者 128.6 万人次,同比下降 85.7%。其中,入境外国旅游者 83.0 万人次,同比下降 88.0%;港、澳、台同胞 45.6 万人次,同比下降 77.8%;国际旅游(外汇)收入 37.7 亿美元,减少 55.0%。在入境旅游者中,入境过夜旅游者 104.2 万人次,减少 85.8%。①

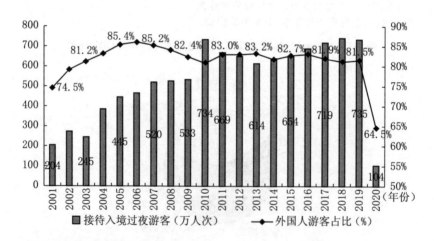

数据来源:国家统计局、上海市文旅局。

图 4-14 2001—2020 年上海接待入境过夜游客

---

① 数据来源:上海市统计局:《2020 年上海市国民经济和社会发展统计公报》,http://tjj.sh.gov.cn/tjgb/。

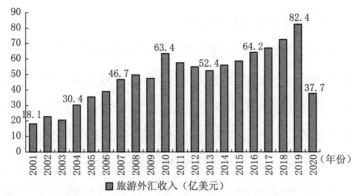

数据来源:国家统计局、上海市文旅局。

图 4-15 2001—2020 年上海国际旅游外汇收入

从国内旅游市场看,2010—2019 年国内旅游者来沪人数持续攀升,年均增长 5.4%。2019 年国内旅游者来沪人数达到 3.6 亿人次,同比增长 6.4%。其中,外省市来沪旅游人数 1.7 亿人次,比上年增长 6%,占国内来沪旅游人数的 47.6%,本市市民在沪旅游人数 1.9 亿人次,比上年增长 6.7%,占国内来沪旅游人数的 52.4%。2020 年,上海全年接待国内旅游者 2.36 亿人次,较上年减少 34.7%,其中外省市来沪旅游者 1.18 亿人次,较上年减少 31.1%。国内旅游收入 2809.5 亿元,较上年减少 41.3%。

数据来源:上海市统计年鉴、上海市文旅局。

图 4-16 2010—2020 年国内旅游者来沪人数及消费情况

（2）旅游客群与消费情况分析

2019 年，全市旅行社接待境内外来沪旅游者 772.6 万人次，其中境外旅游者 66.7 万人次，境内旅游者 705.8 万人次。与 2018 年相比，2019 年旅行社接待境外来沪旅游者数量增长 11.2%，其中接待外国人旅客增长 12.4%。2019 年，全市旅行社实现营业收入 1753.0 亿元，比上年增长 9.4%，利润总额大幅提高至 21.5 亿元，比上年增长 172.8%。受疫情影响，2020 年旅行社接待境内外来沪旅游者 190.8 万人次，同比下降 75.3%，其中境外旅游者 4.3 万人次，同比下降 93.6%，境内旅游者 186.6 万人次，同比下降 73.6%。

表 4-11　主要年份旅行社接待经营情况

指　标	2018	2019	2019 年增长率	2020	2020 年增长率
接待境内外来沪旅游者（万人次）	801.9	772.6	−3.7%	190.8	−75.3%
＃境外旅游者	60.0	66.7	11.2%	4.3	−93.6%
外国人	55.0	61.8	12.4%	3.3	−94.7%
中国香港	1.0	1.8	71.2%	0.3	−83.7%
中国澳门	0.0	0.4	925.0%	0.1	−75.6%
中国台湾	3.9	2.7	−30.2%	0.6	−78.8%
境内旅游者	742.0	705.8	−4.9%	186.6	−73.6%
经营和财务状况					
营业收入（亿元）	1602.6	1753.0	9.4%	805.9	−54.0%
利润总额（亿元）	7.9	21.5	172.8%	−1.8	−108.5%

数据来源：上海市统计年鉴。

从入境游客结构看，2019 年来沪的国际旅游入境游客中，台湾同胞占比 14.3%，港澳同胞占比 8.6%，外国游客占比 77.1%；外国游客中，日本、美国、德国游客占比位列前三位，占比分别为 12.5%、10.4% 和 3.5%；国际游客来沪平均逗留天数为 3.9 天/人，较 2010 年提升 0.4 天,人均外汇消费 239.4 美元/天,较 2010 年增加 25 美元。

表 4-12　主要年份国际旅游入境游客占比结构、逗留天数及消费情况

指　　标	2010	2015	2018	2019
国际旅游入境人数占比	100%	100%	100%	100%
♯外国人	78.2%	76.8%	76.7%	77.1%
日本	17.9%	11.6%	12.7%	12.5%
新加坡	2.8%	2.5%	2.7%	2.8%
德国	3.5%	3.7%	3.7%	3.5%
法国	2.9%	2.6%	2.5%	2.4%
英国	2.5%	2.7%	2.7%	2.7%
意大利	1.3%	1.5%	1.4%	1.4%
加拿大	2.5%	2.4%	2.7%	2.1%
美国	9.5%	9.6%	11.0%	10.4%
澳大利亚	2.5%	2.4%	2.8%	2.9%
港澳同胞	9.1%	8.4%	8.6%	8.6%
台湾同胞	12.7%	14.7%	14.7%	14.3%
平均逗留天数(天/人)	3.5	3.3	3.7	3.9
人均单日外汇消费(美元/天)	214.4	225.7	222.9	239.4

数据来源:上海市统计年鉴。

2019 年国内旅游者人均消费支出 1345 元,与上年支出基本持平,比 2010 年增长 14.5%。从消费支出结构看,购物是国内旅游者来沪消费的重要目的,购物费占消费支出总额的 44.2%。餐饮费、长途交通费、门票费、住宿费占比较为均衡,分别为 12.5%、12.4%、10.8% 和 10.4%,以上五类支出费用总计占来沪国内旅游者人均消费支出总额的 90% 以上。2020 年来沪国内旅游者人均消费支出 1190 元,同比下降 11.5%;消费结构上,购物占比下降 2.9 个百分点,住宿、餐饮费用占比有所提升,娱乐消费占整体比重仍然偏低。

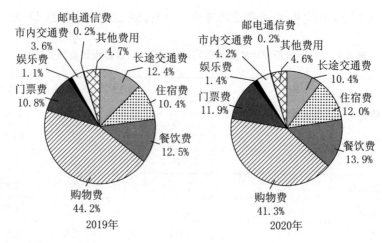

数据来源：上海市统计年鉴。

图 4-17　2019—2020 年来沪国内旅游者人均消费结构

（3）疫情以来旅游业情况分析

受新冠肺炎疫情影响，2020 年上半年上海旅游市场受到较大冲击。2020 年上半年上海接待国际旅游入境游客 75.5 万人次，较上年同比下降 82.6％，其中 1 月份受影响较少，当月接待国际入境游客 49.0 万人次。

2020 年下半年，国内疫情得到有效控制，在旅游节、国庆中秋假期的带动下，上海国内旅游市场快速恢复。银联上海公司统计结果显示，2020 年上海旅游节期间（9 月 12 日—9 月 27 日）上海地区旅游、餐饮、娱乐售票等消费金额达 320 亿元，环比增长 35％。旅游节期间，上海各大景区、景点共接待游客 350 万人次，环比增长 28％。[①]上海大数据联合创新实验室（旅游）大数据显示，2020 年国庆中秋假期（10 月 1 日—10 月 8 日）上海市共接待游客 883 万人次，较上年同期恢复 75％；实现旅游收入 135 亿元，已恢复至上年同期的 80％。

---

① 数据来源：上海市文化旅游局局长于秀芬介绍 2020 年上海旅游节数据，上海市政府新闻发布会，2020 年 9 月 27 日。

2021年上半年,上海国内旅游市场保持恢复性增长,接待国内游客1.44亿人次,同比增长55%,实现收入1724亿元,同比增长69%,分别恢复至2019年同期的83%、78%,复苏幅度均显著高出全国平均水平。[①]家庭亲子游和夜游产品热度有所增加。携程数据显示,2021上半年上海亲子游订单量同比增长102%,人均花费增长超二成;夜游订单量较2019年同期增长63%,80后、90后夜游订单占比超六成,00后订单预订量同比增长超过80%。[②]

2021年第三、第四季度,受国内零星疫情反弹影响,上海旅游业有所波动。为促进旅游行业整体复苏,2021年上海旅游节首次将国庆黄金周纳入节会期。9月17日—10月6日,旅游节期间上海共接待市民游客2642万人次,各大旅游景区景点接待游客1623万人次;上海旅游、餐饮、娱乐售票等消费总金额达361亿元,环比增长8.7%。[③]

2021年全年,上海接待国内旅游者2.94亿人次,同比增长24.5%,其中外省市来沪旅游者1.4亿人次,同比增长20.2%;国内旅游收入3536.5亿元,同比增长25.9%,国内旅游市场稳步复苏。[④]国际旅游市场保持低迷,全年接待国际旅游入境者103.3万人次,同比下降19.7%,入境旅游外汇收入35.9亿美元,同比下降5%。[⑤]

(三)消费载体发展情况

经过百年商业传承发展和几轮商业布局规划引导,上海形成了

---

① 数据来源:上海市副市长陈通介绍2021年上海旅游节情况,上海市政府新闻发布会,2021年9月24日。

② 数据来源:上海携程2021年上海旅游期间发布数据。

③ 数据来源:《上海旅游节接待市民游客2642.3万人次,拉动消费360.8亿元》,"上观新闻",转载时间:2021.10.06。

④⑤ 数据来源:上海市统计局:《2021年上海市国民经济和社会发展统计公报》,http://tjj.sh.gov.cn/tjgb/。

以"市级商业中心、地区级商业中心、社区级商业中心、特色商业街"为核心的"3+1"实体商业网点体系。截至2020年底,上海商业设施建筑总面积达到8816万平方米。

1. 地标商圈发展情况

(1) 市级商圈总体发展情况

从商圈发展来看,上海市级商圈表现出较强的发展韧性。2020年国内疫情受到控制后,市级商圈复苏最快,带动作用明显。据上海市商务发展研究中心抽样监测数据显示:2020年全市14个市级商圈[①]全年销售累计同比下降4.2%,分别高于区级(外环内)商圈、区级(外环外)商圈、社区商圈5.1、15.5和14个百分点,基本恢复至2019年同期水平。2021年市级商圈继续保持了较好的增长态势。2020—2021两年平均增速为11.4%,为各级商圈最高,分别高于区级(外环内)商圈、区级(外环外)商圈、社区商圈2.1、5.6、5.7个百分点。

(2) "两街四圈"发展情况

2021年4月,上海发布实施《"十四五"时期提升上海国际贸易中心能级规划》,提出加快建设世界级"消费金腰带",形成南京路、淮海中路—新天地、豫园、小陆家嘴、徐家汇、北外滩"两街四圈"。"两街四圈"凝聚着上海城市文脉的积淀、商业繁荣的魅力,更承载着人民对美好生活的追求,是上海培育建设国际消费中心城市的核心载体和关键支撑。

南京东路。南京东路"经典"特色明显,是上海现代商业的发源

---

① 《上海市商业网点布局规划(2014—2020年)》提出规划形成15个市级商业中心,其中近期规划形成13个市级商业中心,分别是南京东路、南京西路、淮海中路、四川北路、徐家汇、小陆家嘴—张杨路、豫园商城、五角场、中山公园、中环(真北)、新虹桥—天山、虹桥商务区、国际旅游度假区。远期规划大宁和真如2个市级商业中心。本文中的商圈即商业中心,统计的14个市级商圈是指除真如之外的14个市级商圈。

地,是中外游客来沪必游的城市地标。2020 年 9 月,南京东路东拓段正式开街,构建起外滩与南京路步行街之间一体化的步行观光购物通道,上海城市核心商业空间与外滩文旅资源实现无缝对接。2020 年国庆期间南京东路每天客流超 20 万人次,销售额同比增幅达到 30.1％。沿街重点商业项目一楼一方案,实施改造更新和业态调整,突出品牌旗舰概念,推动潮流业态、体验业态发展,实现商圈整体消费客群结构的转变。步行街西段,第一百货、世茂广场、新世界百货成功改造升级,实现品牌首店、旗舰店的汇聚以及数字化场景的创新应用。2020 年,南京东路上线上海首个搭载 AR 功能的"玩转南步街"APP,华为全球最大旗舰店盛大开业;老字号品牌加快创新转型,张小泉、王开摄影、朵云轩完成改造,老大同、邵万生、三阳、黄隆泰四家百年老字号推出品牌焕新店;"六合路上小尖顶"创意游园会回归开张。韩国文创品牌 Kakao Friends、意大利甜品品牌 Rinaldini、英国 Thomas Cook 生活馆等 43 个首店先后入驻。通过年轻潮流文化导入,带动年轻消费客流比例提升,南京东路 90 后年轻消费客流占比已经超过 35％。

南京西路。南京西路"高端"特色突出,国际高端品牌及其总部高度集聚,沿线国际知名品牌占比超过 60％,数量超过 1000 个。国际高端品牌与龙头商贸企业总部效应的叠加,促使南京西路成为上海高端消费引领地,带动商圈销售规模的快速增长。2017—2020 年,南京西路商圈年销售额均保持两位数增长,商圈整体租金和坪效始终处于上海领先地位。商圈数字化管理走在前列。南京西路商业街城运分中心搭建了线上商业街"一网统管"信息平台,通过全路段部署感知器近 600 套,实时接入商圈数据,实现数据统一、区域统管、资源统筹。空间文化特色塑造是南京西路商圈改造升级的重点。2018 年,南京西路商圈发布实施《南京西路后街发展战略规划》,推动商圈 1.8 平方公里范围内 11 条后街的特色化发展。2019 年张园地区启动整体改造,进一步推动商圈主街和后街的整体联动发展。

淮海中路。淮海中路"海派"特色鲜明,是上海最具小资情调的街区。2020 年是淮海中路辟筑 120 周年,这条上世纪 30 年代便以"东方巴黎时尚街"闻名的著名商业街,以其深厚的历史底蕴、浓郁的海派特色、丰富的商业资源,成为上海最具魅力的时尚地标之一。淮海中路—新天地成为最受品牌青睐的首店集聚商圈,2018—2021 年累计吸引首店超过 400 家,占全市落户首店数量一成以上。新天地作为每年秋冬与春夏两季举办上海时装周、系列时尚主题活动的主会场,吸引了大量专业发布平台、品牌设计、时尚营销等产业链资源在商圈落地发展,进一步带动买手制、定制型、策展性零售业态以及设计师品牌在淮海路商圈主街及后街支路的导入。"艺术＋商圈"示范效应突出,上海 K11 购物艺术中心、香港广场等商业企业成为"上海艺术商圈"合作单位,2020 年开业的 TX 淮海将整个项目空间定义为"策展型零售"空间,通过多元化时尚艺术空间,打造年轻社交商业。

小陆家嘴。小陆家嘴"国际"特色明显,是上海浦东开发开放的缩影,是功能复合的城市商旅地标,是上海高端消费和时尚活动的重要集聚地。陆家嘴国金中心是国内奢侈品品牌聚集度最高的购物中心之一,2020 年国金中心销售规模突破 100 亿,稳居全市首位。高端商务人士集聚、产业协同度良好、文旅资源丰富、高端酒店设施密集等成为小陆家嘴商圈的主要优势。[1]2018—2020 年,L＋MALL 陆家嘴中心、GALA MALL 尚悦湾广场、船厂商场、尚悦西街等项目陆续

---

[1] 截至 2020 年底,陆家嘴集聚了 12 家国家级要素市场和金融基础设施,6000 多家中外金融机构,跨国公司地区总部达 124 家,税收亿元楼 110 座,10 亿以上 32 座,20 亿以上 20 座,60 亿以上 4 座,其中有两座接近百亿。资料来源:浦东发布。

开业,老佛爷百货等创新业态成功导入,商业载体建设与陆家嘴金融城等产业板块发展有机融合,并与东方明珠、船厂1862、民生艺术码头等文化旅游设施形成联动,商产文旅实现融合发展。

徐家汇。徐家汇"枢纽"特色明显,是商旅文体融合的枢纽型商业中心。徐家汇商圈以大型购物中心和百货业态为主体,区别于其他市级商圈,徐家汇具有相对集中的运营主体,有利于推动商圈的整体改造提升。2017—2018年美罗城完成周期性改造,通过"一层一风、一店一品"的改造策略,撕掉"数码电脑城"的标签,实现功能升级,增强了对年轻潮流客群的吸引力,年消费人流达到3000万人次。2020年,港汇恒隆广场完成改造,重点优化高端消费体验功能,带动了商圈整体绩效的增长。2020年国庆期间,港汇恒隆广场销售额同比增长超过1倍,9—12月份商圈整体销售额同比增长超过20%。此外,徐家汇商圈注重加强硬件设施和消费环境建设。地下结合交通枢纽站点,打造地下泛商业综合体,20个出口实现地上地下商业动线、功能布局、标识系统的无缝衔接;地面加快空中步行连廊建设,2020年12月,徐家汇空中连廊一期竣工,成为上海商旅休闲新打卡地标。

豫园商城。豫园"民俗"特色突出,是上海最具老城厢商业风貌的核心商圈,旅游消费具有独特魅力。2018年,复星集团增持豫园股份,并全面启动豫园商城核心区(一期)的升级改造。2020年,全面升级"豫园故里、豫园漫步、空中豫园"三大主题片区,重点打造老字号创新、时令节气活动策展体验、青年文创设计功能集聚区。通过一街一品、一楼一品改造方略,实施核心区滚动改造,将豫园逐步打造成为国潮文化体验的核心载体,进一步提升豫园的品牌形象。

北外滩。北外滩"滨水"特色鲜明,是商业商务集聚发展的后起之秀,将要打造商旅文会联动发展的世界级滨水"会客厅"。北外滩是上海中心城区唯一一块可成片规划、深度开发的黄金地段,拥有

840 万平方米的总建设体量。整体商圈正处于建设加速期,白玉兰广场、来福士广场相继落成开业,带动区域商业活力提升。北苏州路(虹口段)步行道改造工程顺利完成,无车区加快规划建设,区域环境不断优化。未来将打造成为高端商业商务、特色文化体验、国际化会议博览功能集聚的世界级城市会客厅。

2. 城市商业综合体发展情况

(1) 城市综合体的总体情况

近年来,上海商业综合体保持高速发展状态。2017 年新开业城市综合体 40 家、2018 年 36 家、2019 年 25 家;2020 年受疫情影响,上海城市综合体的新开业速度有所放缓,新增 9 家,为原来计划开业数(27 家)的三分之一,开业量创近年来最低;2021 年新开 33 家,新开数量占原计划开业数量(49 家)的近七成,基本恢复至疫情前水平。截至 2021 年 12 月末,上海城市商业综合体数量达到 308 家,总体商业建筑面积达到 2245 万平方米,新增商业建筑面积 181 万平方米。

数据来源:上海市商务发展研究中心。

图 4-18　2013—2021 年上海城市商业综合体数量和增长情况

"十三五"期间,受新增载体建设速度过快,网络购物影响消费者购物习惯等因素影响,上海城市商业综合体营业额增长率呈现逐步下滑态势。2019 年全市商业综合体同口径营业额增长率仅为 3.5%。

2020 年受新冠肺炎疫情影响,上海市民外出购物、休闲、娱乐活动大幅减少,对城市商业综合体的销售造成较大冲击。但在政府和企业的共同努力下,特别是首届"五五购物节"的成功举办,政府搭台企业唱戏,各市场主体加快业态调整提升,推动新技术、新模式、新经营理念的发展应用,城市商业综合体在 2020 年下半年呈现出良好的发展态势。2021 年全市商业综合体同口径营业额同比增长达到 29.0%,2020—2021 两年平均增长 8.0%。

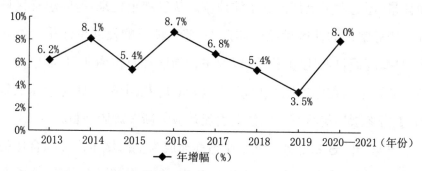

注:2020—2021 年为两年平均增幅。
数据来源:上海市商务发展研究中心。

图 4-19　2013—2021 年上海城市商业综合体营业额增长情况(同口径)

(2) 城市综合体的发展特点

商业数字化转型加快。人工智能、区块链、大数据、5G 技术等加快产业化和商业化,推动数字化赋能城市实体商业,催生商业新业态、新场景和新模式。疫情进一步推动实体商业零售企业对数字化运用的投入。根据 2020 年企业问卷调查显示,上海近八成的城市商业综合体已经或者正在进行数字化转型。通过数字化创新商业模式,优化消费体验,提升运营效率。其中,近四成的商业企业升级了智能服务终端,如智能无人客服台、智能语音、智能停车场等;近五成的商业企业开展了数字化运营和管理,如智能分析商圈、管理会员数据等;大部分商业企业开展了数字化营销,包括直播带货、VR 线上购物等。如新世界城推出"38 女皇"嘉年华直播活动,上线两天累计在线观看人数超 3 万;港汇恒隆广场举办"GATEWAY TO INSPIRATION"焕新派对,邀请头部主播为场内品牌直播带货,线上线下购物渠道相互打通,给消费者带来更便捷的购物体验。

郊区商业载体发展迅速。2019—2021 年,外环以外新开业城市综合体项目商业建筑面积总规模达到 289 万平方米,占全市新开业综合体项目总面积的一半以上。外环外开业综合体项目,无论从规模体量,还是数量上都占据主体地位。从发展定位来看,除填补区域商业服务空白的社区型综合体以外,郊区项目的发展更注重一站式"一日微度假目的地"的打造,以及主题街区和自主商业 IP 形象的塑造。如嘉定南翔印象城 MEGA 引进开心麻花剧场、全明星滑冰俱乐部、上海老饭店等具有文旅消费引流效应的新概念店项目。

汽车"开"进综合体。汽车业态逐渐成为上海城市商业综合体的"标配"。据不完全统计,截至 2021 年末,全市有超过 50 家商业综合体入驻了汽车品牌,2021 年新开的城市商业综合体中,近六成含有汽车业态。入驻的汽车品牌中,特斯拉、蔚来、小鹏等纯电动汽车品牌占比 95% 以上。汽车品牌与城市商业综合体的融合,开启了汽车品牌营销的新模式。2021 年上海城市商业综合体汽车业态营业额同比增长超过 6 倍,拉动全市商业综合体营业额增长 4.6 个百分比。

(四) 重点领域发展情况

1. 上海高端消费市场发展情况

新冠肺炎疫情暴发以来,全球奢侈品市场受到重创。随着国内疫情防控形势的好转,特别是在"五五购物节"的强力带动下,上海消费市场全面复苏,国际奢侈品品牌销售率先实现 V 型反弹,高端消费回流态势明显。上海奢侈品市场逆势增长,既体现了国内强劲的消费需求和购买能力,也反映了上海高端消费的供给能力,上海相比全国其他城市更具备发展高端消费的文化和土壤。

（1）发展现状

内部统计数据显示,2020 年全市 27 家奢侈品企业和集团零售额同比增速达到 55%,同期全市社会消费品零售总额仅同比增长 0.5%,上海高端消费市场逆势实现高速增长。LV 集团监测数据显示,2020 年,上海高端零售规模占国内市场的比重已经达到 20%以上,位列全国第一,比 2019 年提高 4 个百分点。

主要高端商业设施增速达到历史新高。疫情初期,全市高端商业受到重创,随着国内疫情防控形势的好转,以国际高端品牌为主的商业业态整体表现十分抢眼。恒隆广场、国金中心等奢侈品品牌高度集聚的购物中心,以及以国际品牌为主的奥特莱斯和比斯特购物村,2020 年销售同比均呈两位数增长。同期,全市 190 家城市商业综合体整体负增长 10%。

（2）主要特征

上海具有强大的高端品牌消费吸聚能力。上海是全球第三大奢侈品零售城市[①],也是全国高端品牌消费基础最好的城市,世界知名高端品牌集聚度超过 90%,奢侈品网点数量位居全国城市首位,拥有良好的高端消费文化和优质的高端消费服务。受全球新冠肺炎疫情影响,本国出境旅游受到限制,上海本地,包括长三角地区和全国其他城市中产阶层部分消费能力转向上海奢侈品消费市场。

首店首发经济助推高端品牌消费高潮。2020 年,上海引入各类首店 909 家,其中全球或亚洲首店、国内首店合计 130 家,包括轩尼

---

① 第一太平戴维斯(Savills)发布的《奢侈品零售业发展报告：展望 2019 年》(*The Evolution of Luxury Retail：2019 Outlook*),东京、纽约和上海是全球奢侈品零售规模的最大的三大城市,东京第一,纽约第二,上海第三。

诗全球首家概念酒吧、意大利设计师品牌 Gabriele Colangelo 全球首店等。"五五购物节"首创"全球新品首发季",路威酩轩、开云、历峰齐聚一堂,推出百余款系列新品。路易威登、迪奥、卡地亚也先后在上海举办新品首秀、首展活动。第三届进博会期间,共举办 42 场全球首发、中国首展发布会,其中全球首发新品、新技术和新服务占比达一半以上。优质、新潮产品的有效供给大大释放上海高端消费潜力。

奢侈品牌拓展线上渠道打开新的市场空间。受海外疫情影响,国际奢侈品牌企业加速拓展线上销售渠道,带动销售大幅增长。2020 年,普拉达、巴黎世家、萧邦、古驰等奢侈品牌,以及历峰集团旗下珠宝腕表硬奢品牌集中入驻天猫国际。2020 年"双 11"期间,1000多款奢侈品新品在天猫奢品首发,天猫国际成为众多国际奢侈品牌首发新品的重要平台。

奢侈品量价齐升推高整体销售规模。随着疫情在全球蔓延,国外工厂关停,航班取消或者减少,全球供应链受到较大影响。受供应成本上升影响,2020 年全市奢侈品价格平均上涨 10％以上。由于境外购买、海外代购等消费渠道受限,价格上涨对购买行为的负向影响弱化,奢侈品消费呈现量价齐升的强势增长。

2．上海免退税经济发展情况

发展免退税经济是上海扩大消费、促进旅游业发展、加快国际消费中心城市建设的重要举措。2018—2019 年,上海免退税经济,尤其是机场免税购物规模实现较快速增长。2020 年新冠肺炎疫情暴发后,上海免退税经济受到了严重冲击。

（1）免税业发展现状

上海免税购物市场发展较早,免税渠道较为齐全,除离岛免税外,市内免税店、口岸免税店、运输工具免税店三大类下 7 个渠道基本实现全覆盖。①2021年,全市免税店数量为7个,经营面积达到25700万平方米,其中浦东国际机场免税店面积达到17000万平方米,单体机场免税店规模居内地机场第一。在国家政策推动和市场需求增长等利好因素推动下,2019年上海免税销售额达到155亿元,较上年增长25%,创历史新高,销售规模位居全国各省市首位(海南136亿元),在国内占比28%,全球占比3%。其中,浦东机场2019年实现免税销售额145亿元,在世界机场中仅次于韩国仁川机场,排名第二。②2020年,新冠肺炎疫情席卷全球,免税业受到重创,全市免税销售规模仅为20亿元,大幅下降87%。

本土化妆品牌加快入驻机场免税店。根据海关总署、财政部、国税总局等中央部委调整优化免税店销售国产商品退税流程的政策,上海积极向中免集团推荐本市中华老字号和自主品牌。2019年,伽蓝集团成为上海首家与中免集团合作开展国产商品退税业务的民营企业,也是中免集团第一个国产化妆品免税渠道供应商。该集团旗下自然堂、美素等品牌逐步进入中免150家水陆空口岸、供船和机上免税店。但是,总体来看上海免税店整体经营以进口商品,包括香水、化妆品类为主,国产品牌局限于烟酒类。国产品牌进入免税渠道税费须先缴后退,资金积压,效率不高,品牌积极性相对不足。

(2)离境退税发展现状③

2015年7月1日,上海成为全国首批开展离境退税试点的城市之一,截至2020年12月,全市累计备案退税商店493家,退税商店累计开具10万余张退税单,退税商品销售额18.1亿元,实际办理退

① 毛慧红:《建设国际消费中心城市视角下上海加快发展免退税经济的思考和建议》,载《上海商业》2021年第5期,第5—7页。

② 数据来源:《上海市内免税店太少,免税限额只有8000元?代表建议:增加免税购物额度》,https://export.shobserver.com/("上观新闻",转载时间:2022.03.09)。

③ 上海离境退税相关数据主要来源于上海市商务委员会。

税 1.6 亿元;开单量占全国 50% 以上,销售额占全国 60% 以上,服务了 172 个国家和地区的境外旅客。其中,2019 年全市退税商店开单 3.6 万单,销售额达到 6.2 亿元[①],退税商店日均开单量约 100 单,相较东京、新加坡等城市在开单数量和效率上存在较大差距。2020 年,受疫情影响,全市退税商品销售额 2 亿元,同比下降 62%。

2019 年 1 月,上海新世界大丸、芮欧百货、百联青浦奥特莱斯等 7 家商店在全国率先开展"即买即退"试点。2020 年 5 月 1 日,在南京西路恒隆广场设立全国首家"即买即退"集中受理点,截至 2021 年底,先后公布 5 个批次近 50 家"即买即退"试点退税商店。

3. 上海首店首发经济发展情况

2018 年上海发布实施《全力打响"上海购物"品牌加快国际消费城市建设三年行动计划(2018—2020 年)》,在全国范围内率先提出引入品牌首店,打造"全球新品首发地"的目标。在全国首店首发经济的发展中,上海处于领跑者的优势地位。"首店首发经济"的发展,加快了全球优质商品和时尚消费资源在上海的集聚,成为推动供给侧结构性改革的有力抓手。

(1)首店经济发展现状[②]

根据首店经济研究机构"中商数据"的统计,尽管受到新冠疫情影响,2020 年上海仍成功引入各类首店 909 家,数量仅比 2019 年下降 8%。2021 年上海首店增长恢复常态,全年引入首店达到 1078 家,同比增长 18.6%,较 2019 年增长 9.3%,上海成为国内首个年度开设首店超千家的城市。

首店集聚效应进一步增强。中心区核心商圈客流聚集、交通便利、环境良好等优势明显,首店集聚效应较强。2021 年淮海中路(新

---

① 数据来源:上观新闻,https://export.shobserver.com/。
② 上海首店经济数据主要来源于中商数据年度系列首店经济分析公开报告。

天地)、南京西路、南京东路、陆家嘴、徐家汇五大商圈共引入了 371 家首店,占全市的比重达到 34%。前滩太古里、瑞虹天地太阳宫、天安千树、外滩中央等 2021 年新开业商业项目,汇聚首店数量超过 100 个。

服务消费类业态占比显著提升。2021 年全市新增首店业态中,零售、餐饮、其他(服务与娱乐)占比分别为 28.5%、60.2%、11.3%;较 2019 年,零售业态占比下降 6.8 个百分点,餐饮类上升 6.3 个百分点,其他娱乐服务类上升 0.9 个百分点。首店业态向餐饮行业高度集中,也一定程度上反映出实体零售行业创新发展的困顿。

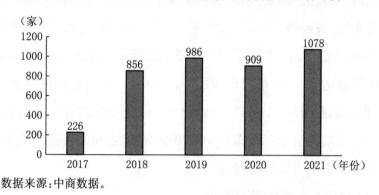

数据来源:中商数据。

图 4-20　2017—2021 年上海新增首店数量

(2)首发经济发展现状①

2018 年上海制定出台《全力打响"上海购物"品牌　加快国际消费城市建设三年行动计划(2018—2020 年)》,当年超过 2890 个国际国内品牌在沪举办各类新品首发活动 1200 多场次。据不完全统计,2019 年上海市进一步发展完善首发经济配套政策,超过 4500 个国际国内品牌在沪举行首发活动,发布规模居全国城市首位。2020 年虽受到新冠肺炎疫情影响,但上海首创"五五购物节",打造"全球新品首发季",300 余个国际国内品牌发布新品超过 1500 款。2021 年,超过 3000 个国际国内品牌在上海举办新品首发、首秀、首展活动。江

---

① 上海首发相关数据主要来源于上海市商务委员会。

诗丹顿、雅典、萧邦等联袂打造的"钟表与奇迹"高级钟表展、乐高集团"大胆点之家"全球巡展亚洲首展、戴比尔斯 Reflections of Nature 高级珠宝发布晚宴、路易威登 2021 春夏男装系列新品发布、沙涓新品时装秀等高能级首发活动的引进,极大推动了上海时尚消费产业的高质量发展。"2021 全球新品首发季"期间,600 余个国际国内品牌在上海发布展示当季新品近 3000 款。

积极打造"全球新品首发地示范区"。2020 年"五五购物节"期间,上海首推黄浦、静安、浦东和徐汇 4 个"全球新品首发地示范区",首次发布"首发经济"活跃指数体系,颁布实施《首发经济评价通则》。2021 年新增虹口、长宁、奉贤为"上海全球新品首发地示范区",全市示范区总数达到 7 个,培育形成西岸艺术中心、上海港国际客运中心码头、世博创意秀场、上海船厂 1862 等一批标志性新品首发活动载体。全市首发经济呈现发布活动聚集度增强、发布品牌能级提升、活动专业度和影响力提升等特点。

(3)首店首发经济发展特点

首店首发成为品牌创新的重要方向。"五五购物节"有效激发了品牌进驻上海市场和产品推新的热情,国际大牌新物种汇聚,本土品牌多元化创新,首店在业态创新、场景创新方面深度拓展。以电子竞技为代表的新兴业态、以新零售为代表的创新业态和以文化体育旅游为代表的跨界融合业态成为创新发展的重要方向。首店、旗舰店成为城市首发经济的重要载体。如南京东路华为全球旗舰店以"城市客厅"为理念,探索在科技与商业、文化、旅游融合场景中,融入新品和限量款发售产品展陈,获得更高的价值体验。北美球鞋潮品寄售店 Solestage 上海首店通过发售新品和限量款,集聚了大批年轻消费群体。

本土品牌首店首发占比不断提高。2021 年,上海引入国内品牌(包括港澳台)首店 905 家,占比达到 84%,相比 2018 年提高 17 个百分点。国内品牌以上海为"桥头堡"实现区域产业链条的新布局和加速整合，"首店＋总部经济"模式对消费增量的拉动效应逐步凸显。上海正从引进首店向培育首店、输出首店迈进。"上海时装周""上海国际美妆节""新品首发季"等活动成为本土品牌展示发布的重要平台。2022春夏上海时装周期间，原创设计师品牌发布场次占比达到75％[①]，成为本土设计师品牌链接制造和消费市场，横向形成产业聚合的重要平台。

首店首发经济紧密结合城市地标建设。2021年，上海近75％首店集中于购物中心，首店对消费环境的品质要求不断提高，在城市商业项目开业、改造调整中的营销价值不断增强。新品首发带来的爆款效应，极大程度提升商业载体经营效益。2020年"五五购物节"期间，南京东路大丸百货集中推进化妆品新品促销，购物节期间化妆品单品类销售达到1.7亿元，同比增长83.1％。

首店首发经济得到政策的助力和推动。首发经济方面，2020年，上海市市场监管局会同上海市商务委员会，指导上海市商业联合会制定发布国内首个"首发经济"系列团体标准《首发经济评价通则》，从品牌引领性、上市新品影响力和开设品牌首店三个方面，为"首发经济"健康良性发展建立客观量化的评价标准。"首店"方面，虹口、徐汇、宝山、闵行、松江、青浦等区出台相关文件，给予一次性开店奖励或补贴；黄浦区创新提出注册许可、选址、通关通检、风控仲裁，以及市场推广分销等"五大便捷服务机制"，从优化监管和服务，到出台资金奖励政策，形成首店经济扶持政策组合拳。

4. 上海夜间经济发展情况[②]

2020年，上海夜间经济在疫情冲击后实现强劲复苏，展现出巨

① 数据来源：《本土设计新突破　上海时装周开幕　本季发布场次75％品牌为设计师品牌》，上海市人民政府网站，https://www.shanghai.gov.cn/。
② 该部分节选了由美团研究院和上海市商务发展研究中心联合发布的《2020上海夜间经济发展报告》中的相关内容。

大的发展韧性和需求潜力,为提振消费信心、促进消费复苏、打响"上海购物"品牌、加快国际消费中心城市建设,满足人民对美好生活的需求发挥了积极作用。

(1) 发展现状

根据美团大数据平台对全国 16 个城市的数据[①]比较,2020 年疫情初期,2 月份上海夜间消费额骤降 80%,跌幅超过一线城市平均水平近两成。6 月初,上海推出由政府搭台、企业主导、全民参与的首届夜生活节,以"政策+活动"组合拳,促进夜间消费迅速回暖,呈现 V 形回升的良好态势。8 月份夜间消费额攀升至 2 月份的 6.7 倍,增幅达到一线城市平均水平的 3.7 倍。

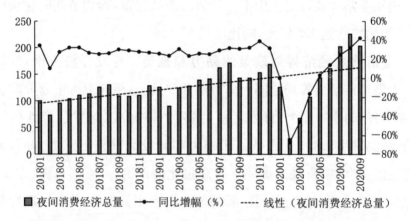

注:夜间消费总额是以 2018 年 1 月的数据为基准(100)换算得到的相对值。
数据来源:美团大数据平台。

图 4-21 2018—2020 年 9 月上海夜间服务消费走势

根据上海市商务发展研究中心对重点商业企业抽样调查的数据显示[②],2020 年 5—9 月,样本企业夜间销售占全天销售额的比重为

---

① 数据说明:美团大数据监测包括餐饮堂食、餐饮外卖、住宿、文化娱乐(电影演出、休闲服务、美发美甲等)、旅游等,基本涵盖服务消费门类,下文同。
② 数据说明:上海市商务发展研究中心监测数据为实体商业企业商品销售数据,反映夜间实物消费情况,下文同。

33.6％,夜间客流占全天客流比重为33.1％,夜间消费活跃。随着时间的推移,夜间销售和客流占比稳步提升,8月达到最高,分别为34.4％、34.2％,较5月分别提升了2.5、2.4个百分点。6—9月,实体门店平均夜间客流环比5月增长20.5％,9月份样本企业夜间销售比上年同期增长4.5％,较5月份提升10个百分点。分品类看,购物中心、百货、专业专卖店中夜间销售以服装鞋帽、化妆品、金银珠宝为主,超市和便利店夜间销售较好的是饮料酒水、水果蔬菜等。

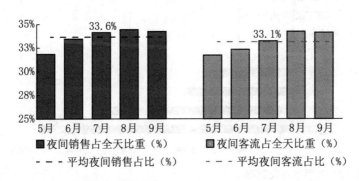

数据来源:上海市商务发展研究中心。

图4-22 2020年5—9月上海商业企业夜间消费占比情况

从2020年5—9月夜食、夜娱、夜游和夜宿交易额指数看,夜食和夜娱复苏最为强劲,夜宿和夜游在上海旅游节举办以来已超过2019年同期水平。夜食方面,根据美团大数据对16个样本城市的比较,夜间餐饮堂食消费额上海位列全国城市第一,夜间外卖消费额位列第四。夜娱方面,上海的KTV和酒吧等具有典型夜间消费属性的业态消费金额较高。2020年1—8月,上海酒吧夜间消费额仅次于成都,位列第二;KTV夜间消费额位列第四,前三位分别是成都、深圳和广州。

(2)发展特点

颜值消费、付费自习室、密室消费和宠物消费等新消费引领夜间

经济增长。根据美团大数据,2020年5—9月上海夜美、夜玩、夜学等业态的消费额增长较快。从夜美来看,以植发、皮肤管理、局部美化为代表的轻医美消费增长速度最快。夜玩方面,以宠物和密室消费为代表的消费增长较快,是夜间新消费增长的主力业态。夜学方面,以付费自习室为代表的新业态不断增长,参与自习、油画和插画等付费夜间学习活动的消费者队伍日渐庞大。

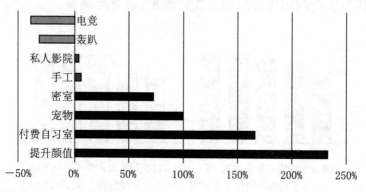

数据来源:美团平台大数据。

图4-23 2020年5—9月份新兴服务消费同比变化情况

中心城区商圈夜间经济活跃,浦东新区夜间消费占比最高。分商圈看,市中心商圈因商业地标集中、夜间促销力度大,聚客能力较郊区更强。根据上海市商务发展研究中心数据,2020年5—9月上海各大商圈实体门店夜间销售及客流同比增幅大都呈增长态势。自7月起,市中心商圈夜间销售已经实现同比增长;至9月,市中心商圈夜间销售较上年同期增长9.5%,增幅较5月提升17.6个百分点。分区域看,浦东新区因人口基数大占上海夜间消费额比重最高。根据美团大数据,1—9月浦东新区占全市夜间消费总额达23.0%,其次是闵行、黄浦、静安、宝山和松江,依次排名二至六位。

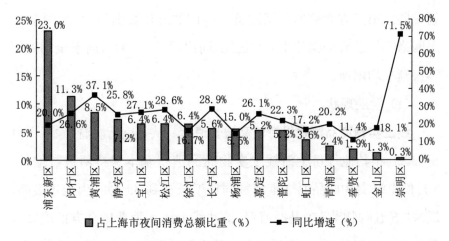

数据来源：美团平台大数据。

图 4-24　2020 年 1—9 月上海市各区夜间线上消费总额占比及增速

安义夜巷、BFC 外滩枫径等特色市集成为上海夜间经济新名片。 2020 年以来，上海共推出了近百个集市，夜市内容聚焦餐饮、零售、体验、文创、娱乐五大领域。夜市主要分为"购物中心＋""步行街＋""景区＋"三大模式。其中，由购物中心和商场发起的夜市占 57％；由公共街道、自营场地、广场园区类等发起的占 39％；其余为主题型和特定型夜市。据戴德梁行商业地产服务部数据，安义夜巷、外滩枫径、大学路等七大网红夜市的平均夜间客流量达 13700 人次，最高的夜市平均夜间客流量达 36100 人次。静安嘉里中心的安义夜巷、BFC 外滩金融中心的外滩枫径集市，2020 年举办期间分别吸引 140 万和 150 万余人次客流，成为上海夜间经济的新名片。2020 年安义夜巷运营期间，商铺销售达 1000 万余，带动周边商场客流增长 35％，商场业绩增长 44％。

5．上海线上消费发展情况

2020 年受新冠肺炎疫情影响，线下实体商业受到较大程度冲击，但线上消费呈现逆势增长态势，直播带货等新型消费模式实现蓬勃发展。第三方大数据公司欧特欧咨询的统计数据显示,2020年上海网络零售总成交额达1.4万亿元,同比增长12.9%,高于全国网络零售额平均增速。

（1）发展现状

线上实物商品消费保持较高增长速度。从月度情况看,除了1月份,2020年其他月份上海线上实物商品消费基本保持两位数增长。5月份上海实物商品网络零售额同比增长达到39.3%,为全年最高,反映"五五购物节"在提振消费、推动线上线下消费融合方面成效显著。在疫情形势严峻、线下商业受到重创的2、3月份,线上实物商品消费同比增长达到10.9%、22.9%,均高于同期社零额增速40个百分点以上。充分说明疫情发生以来,线上经济在保障民生供给、服务百姓多样化需求方面发挥了积极作用。

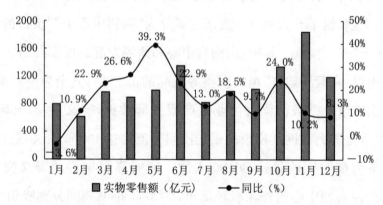

数据来源:欧特欧咨询。

图4-25 2020年上海实物商品网络零售额月度变化情况

消费结构升级趋势明显。从一级行业来看,服装服饰、家居家装、个护化妆受到消费者青睐,网络零售额占比位居前三位,占比分别为16.4%、15.7%和13.4%。食品酒水、个护化妆、医药保健表现亮眼,全年累计同比增长分别达到37.0%、33.2%、28.7%。从二级行业来看,面部护肤、女装、男装网络零售额排名前三,零售额分别为1034.7亿元、889.8亿元、502.1亿元,其中面部护肤网络零售额过千亿,该行业在上海整体的行业结构中占据着重要地位。

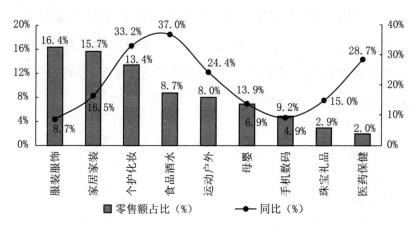

数据来源:欧特欧咨询。

图 4-26　2020 年上海主要行业网络零售额月度变化情况

多渠道多元化发展趋势明显。从网络渠道看,全市商家仍以依托天猫、京东、淘宝等主流电商平台为主。同时,线上线下融合的程度越来越高。美团外卖、饿了吗、美团团购、阿里新零售等渠道的开拓,形成上海市多渠道多元化发展的格局,其中新零售网零额同比增长达57%。除此之外,上海在农产品电商、直播电商领域也实现了较大发展,形成多元化发展的局面。

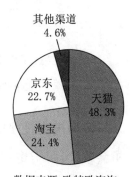

数据来源:欧特欧咨询。

图 4-27　2020 年上海市网络零售渠道分布

(2) 发展亮点

直播带货成为电商发展的新引擎。直播电商通过构建"人—货—场"的独特优势,成为拉动数字经济消费的新引擎。2020 年,上海通过淘宝直播(含天猫)实现网络商品零售额 2100.3 亿元,同比增长 76.5%,实现网络零售量 23.7 亿件,同比增长 62.4%,参与直播的商品数达 403.7 万条,同比增长 146.5%,直播商品渗透率为 4.7%,直播场次达 108.2 万场,累计观看人次为 109 亿人次。直播在服装服饰、家居家装、母婴、个护化妆等品类上占比较高,直播商品数占比分别达到 30.5%、14.4%、12.9%、10.0%。从全国情况看,上海市直播商品数在全国的占比达 8.4%,仅次于广东、浙江,位列第三位;直播渗透率略高于广东、浙江。

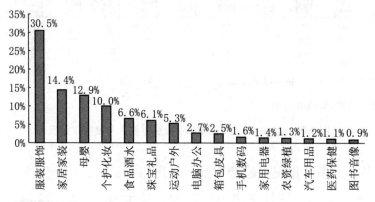

数据来源:欧特欧咨询。

图 4-28 2020 年上海市实物行业直播商品数占比

跨境电商呈现持续向好态势。由于海外疫情严重,消费者出国机会减少,跨境电商成为购买海外商品的重要渠道。2020 年上海市跨境进口电商实现网络零售额 222.6 亿元,同比增长 58.4%。分行业来看,个护化妆行业稳居榜首,网络零售额占比 70.8%,远高于其他行业。食品酒水行业网络零售规模增长最快,增速达到 253.9%。此外,电脑办公、手机数码的增长也比较明显,分别达 100%、92.8%。2020 年,上海市跨境电商来源国数量达 58 个。其中日本在跨境电商来源国中,以 32.2%的网络零售额占比位居第一。其次是韩国,网络零售额占比为 20.4%。

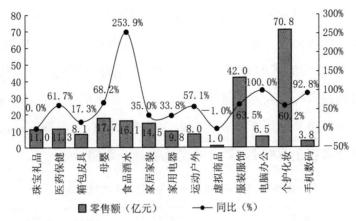

数据来源：欧特欧咨询。

图 4-29　2020 年上海市跨境进口电商行业零售额及同比增速

6.上海老字号品牌发展情况

（1）发展现状

据统计，上海现有老字号企业 222 家，大多分布在与民生息息相关的行业。其中，零售服务业占 28％，食品加工业占 15％，纺织服装及日用品业占 14％，餐饮服务业占 13％，文化艺术服务业占 12％。南翔馒头店、上海老饭店、杏花楼、新雅粤菜馆、功德林等餐饮老字号皆为上海市民有口皆碑的"老饭店"，光明乳业、光明冷饮、大白兔承载了一代代上海人的甜蜜记忆。凤凰牌自行车、上海牌手表、蝴蝶缝纫机为 20 世纪七八十年代全国人民婚庆"三大件"。

表 4-13　上海老字号企业行业分布情况表

所属行业	企业数（家）	占比（％）
零售服务行业	62	28
食品加工行业	33	15
纺织服装及日用品行业	31	14
餐饮服务业	29	13
文化艺术服务行业	27	12
其　他	40	18
总　计	222	100

数据来源：上海市商务发展研究中心。

上海老字号企业大多集中在黄浦区和静安区。这是由于中心城区商业发展历史较为悠久,上海众多知名老字号起源于老城厢地区。目前,注册于黄浦区的老字号有 112 家,占上海总数的 50%,其中黄浦区区属国资控股及参股企业有 72 家,主要分布在南京路步行街、豫园和淮海路。注册于静安区的老字号有 29 家,其中静安区区属国资控股及参股企业有 20 家,主要分布在南京西路沿线。

表 4-14　上海老字号企业注册区域分布情况表

注册区	企业数(家)	占比(%)
黄浦区	112	50
静安区	29	13
闵行区	10	5
浦东新区	16	7
嘉定区	8	4
虹口区	8	4
奉贤区	4	2
徐汇区	5	2
杨浦区	6	3
青浦区	6	3
崇明区	2	1
金山区	3	1
普陀区	5	2
松江区	3	1
长宁区	3	1
宝山区	2	1
总　计	222	100

数据来源:上海市商务发展研究中心。

上海 222 家老字号企业中,国有企业 75 家,占比 34%,混合所有制占比 31%,民营企业占 21%,中外合资占 11%,其他占 3%。其中,市属国有企业有 59 个老字号品牌,分属 11 家企业集团,其中光明集团 16 个,华谊集团 12 个,东方国际 10 个,百联集团 8 个,锦江国际 5 个,医药集团 3 个,世纪出版集团、上海仪电、市供销社、市联社新工联、上工申贝各有 1 个。

据 2018 年调研结果显示,营业收入在 100 亿元以上的老字号企业有 5 家;营业收入在 10 亿—100 亿元的老字号企业有 13 家;营业收入在 1 亿—10 亿元的老字号企业有 65 家;营业收入在 1 亿以下的老字号企业有 139 家。其中,老字号商标商品出口金额在 1 亿—10 亿元的企业有 4 家,分别是上海丝绸集团股份有限公司、上海梅林正广和股份有限公司、上海白象天鹅电池有限公司、上海华谊精细化工有限公司(原名:上海涂料有限公司);出口金额在 10 亿元以上 1 家,是双钱轮胎集团有限公司(原名:上海轮胎橡胶(集团)股份有限公司)。

表 4-15　上海老字号企业交易能级情况表

营业收入	企业数(家)
100 亿元以上	5
10 亿—100 亿元	13
1 亿—10 亿元	65
1 亿元以下	139
总　　计	222

数据来源:上海市商务发展研究中心。

表 4-16　上海老字号企业营业能级情况表(十亿级以上)

排名	企业名称	2018 年营业收入(万元)
1	上海老凤祥有限公司	4296000
2	上海市糖业烟酒(集团)有限公司	3030000
3	上海梅林正广和股份有限公司	2217940
4	光明乳业股份有限公司	2098556

排名	企业名称	2018 年营业收入(万元)
5	上海老庙黄金有限公司	1388900
6	上海家化联合股份有限公司	713795
7	恒源祥(集团)有限公司	659300
8	上海丝绸集团股份有限公司	400000
9	双钱轮胎集团有限公司 (原名:上海轮胎橡胶(集团)股份有限公司)	350182
10	上海新世界股份有限公司	277613
11	上海工艺美术品服务部有限公司	187500
12	上海三枪(集团)有限公司	173200
13	上海冠生园食品有限公司 (原:冠生园(集团)有限公司)	158000
14	上海万有全(集团)有限公司	147390
15	上海和黄白猫有限公司 (上海白猫(集团)有限公司)	145778
16	上海良友海狮油脂实业有限公司	145478
17	上海回力鞋业有限公司	105400
18	上海百联百货经营有限公司 (上海市第一百货商店)	101936

数据来源:上海市商务发展研究中心。

上海近一半老字号企业已开展线上销售,且发展状况良好。上海老字号企业主要通过天猫、京东、唯品会、苏宁、东方购物、携程、美团、驴妈妈、阿里巴巴等平台及品牌官网开展线上销售业务。

(2)发展特点

老字号市场竞争力持续增强。老字号不断强化质量意识,学习先进的质量管理方法,运用国际先进的质量管理标准,创新质量管理模式,运用先进适用技术推进手工制作和标准化生产协同发展,提升工艺技术水准。同时,老字号服务水平不断提升。相关行业协会会同老字号企业制订并完善了服务质量标准,提高从业人员质量意识、业务素质和服务技能,总体服务质量和水平有所提高。此外,老字号积极利用各种平台扩大销售和提升影响力。老字号企业积极参加中华老字号博览会,利用博览会开展品牌发布、文化展示、消费体验、市场推广等活动。注重依托长三角知名商圈联盟、长三角老字号企业联盟和各地老字号博览会,开展集中展示展销,促进品牌合作与共同推广。老字号积极参与进博会老字号专线活动,向国内外参展商、采购商展示上海老字号产品和文化。

老字号经营方式持续创新。在政策的引导和支持下,老字号不断探索发展新业态,开出形象店、体验店、集成店和快闪店,有的甚至走出国门,积极拓展海外市场。同时,老字号积极与阿里零售通、拼多多等电商平台对接,寻求与盒马、小米有品等新零售平台合作,积极拓展三四线城市和农村市场,让老字号能"看得见、买得到"。其次,老字号不断挖掘品牌文化内涵新体验,与文化创意、买手平台和品牌营销等服务企业对接,与市场上各大著名品牌进行跨界合作,开发了创新传承品牌技艺的新方式,展现了老字号品牌融合时尚的新形象。最后,老字号培育打造品质优良、设计创新、文化传承的"上海老字号伴手礼",将老字号作为上海的"城市礼物"广泛应用于商务洽谈、展会论坛、外事接待、出国访问、节庆活动等场景中。

老字号技艺和文化保护机制更加完善。首先,老字号知识产权保护体系愈加完善。老字号商标已分批纳入上海市重点商标保护名录,配套专项保护、注册登记保护、异地协调保护、跨部门保护协作等政策,老字号企业在自我保护、商标保护、司法保护和平台保护等方面都有了全面的提升。其次,老字号技艺保护和人才培养激励机制逐步优化。老字号在积极申请"非遗"保护的同时加强校企合作、人才共育,鼓励老字号技艺传承人入校任教、授徒传艺,宣传和推动毕业生到老字号就业。对优秀人才实行年薪、持股制、承包制等激励政策,充分调动其积极性和创造性,减少人才流失。最后,老字号对原址风貌进行升级改造,打造符合市场需求的"老牌新店"。上海也通过打造老字号主题街区,形成集品牌展销和文化体验为一体的商业文化街区,进一步放大品牌聚合效应。

"五五购物节"成为老字号创新发展的平台。2020年"五五购物节"期间,上海170余个消费类老字号品牌积极推出形式多样的老字号新品体验、商品促销、买赠返利等营销活动200余场,总体实现销售收入71.1亿元,同比增长10.3%。老字号通过线上"云发布"的形式,在天猫、京东、微视、抖音、东方购物等平台举办50余场新品发布会,推出600余款新品、潮品,"老牌新品"受到追捧。光明牌冷饮推出"大白兔雪糕",拉动品牌整体销售额增长68.8%。2020年首届"五五购物节",超过120个老字号品牌参与线上营销活动。天猫上线老字号"国潮游园会",拼多多推出"国潮经典,55折嗨购"上海老字号馆,盒马组织"国潮老字号"专区,大众点评发布"老字号美食攻略",饿了吗、美团外卖、京东到家纷纷上线老字号外送餐点。2020年天猫"国货之光"中国品牌榜单显示,中国年轻一代十大最爱老字号品牌中,上海占据6席。

三、上海建设国际消费中心城市的方向和重点

《上海市建设国际消费中心城市实施方案》提出力争到"十四五"末率先基本建成具有全球影响力、竞争力、美誉度的国际消费中心城市。"率先基本建成"强调上海建设国际消费中心城市要在全国范围

内形成引领效应;"具有全球影响力、竞争力、美誉度"是上海国际消费中心城市建设的成效和目标。从国际消费中心城市的内涵功能出发,顺应全球消费市场发展趋势,结合上海的实际情况,上海需要从集聚优质消费资源、培育本土品牌、打造消费地标、释放服务消费潜力、加快数字化发展、加强区域协同等方面重点发力。

(一) 打造全球消费资源聚集高地

新冠肺炎疫情下全球供应链加速重构,全球消费市场力量发生新的变化。全球战略咨询公司贝恩相关研究报告显示,2020 年全球奢侈品市场销售额下滑 23%,其中欧洲和美国奢侈品市场分别萎缩36%和27%[①]。同期,我国奢侈品消费逆势上扬 48%,上海高端品牌零售额增长 50%以上。国际奢侈品品牌顺势将更多新业态、新产品和新活动转向中国,特别是上海。2020—2021 年上海共引入海外品牌首店 356 家,路威酩轩、开云、历峰、雅诗兰黛、欧莱雅等众多国际品牌集团不断加大在上海举办全球新品首发活动的力度。在全球品牌市场重心向我国转移的机遇期,上海最有能力借势发力,加强对全球优质消费资源的集聚,打造全球品牌资源集聚的"品牌之城"。

未来上海需要持续打造全球新品首发高地,深化"上海全球新品首发地示范区"建设,推动形成集新品发布、展示、交易于一体的产业链,打造从"首发、首展、首秀"到"首店"到总部的首发经济生态链。同时,上海需要积极争取跨境贸易政策突破,优化转口贸易、离岸贸易、数字贸易、服务贸易等新型贸易平台和复合型总部经济功能,打造全球消费商品集散中心,完善集消费品进口、分拨配送、零售推广等于一体的服务链。依托进博会平台,推动更多国际知名高端品牌、

---

① 数据来源:贝恩咨询:《奢侈品市场研究报告——2020 年中国奢侈品市场:势不可挡》,https://www.bain.cn/("贝恩公司"官网,发表时间:2020.12.16)。

新兴时尚品牌集聚。加快推进浦东"全球消费品牌集聚计划",吸引更多国际国内知名商业主体和消费品牌落户。此外,上海需要结合服务业扩大开放综合试点,放宽医疗、教育、旅游等重点领域准入限制,扩大优质服务供给。

(二) 打响一批消费相关本土品牌

"品牌"是国际消费中心城市提升消费吸引力不可或缺的重要因素,是体现城市消费特色和市场竞争力的重要方面。纽约拥有百事、雅诗兰黛等 9 个全球百强消费品企业,东京拥有花王、资生堂等 9 个全球百强消费品企业,巴黎孕育了迪奥、路易威登、爱马仕、开云集团等 6 个全球百强消费品企业。新冠肺炎疫情下,全球供应链受阻,为本土品牌的发展创造了机会,上海本土制造品牌和老字号品牌正在加速崛起。天猫联合第一财经商业数据中心发布的《城市商业创新力——2020 新国货之城报告》显示,2020 财年,注册地在上海的新锐品牌线上销售额约占全国的六分之一,2019 年销售过亿的老字号中上海品牌占比近三分之一,上海稳居新国货之城榜首。在国潮兴起的大背景下,上海有条件培育发展一批具有国际影响力的本土品牌。

未来上海需要在引进国际品牌的同时,加快打响本土制造消费品品牌、发展零售自有品牌、重振老字号品牌,通过实现"上海购物"与制造、文化、服务品牌的高度协同联动,加速构建"沪品"体系。注重培育和促进细分市场形成集群化发展效应,打造产业合作联盟参与全球市场竞争,形成具有国际认可度的品牌地域标签。同时,需要积极推动商贸企业跨地区、跨行业、跨品牌的优化重组,加快培育出具有全球产业链资源整合能力的规模型本土商贸流通集团,打造一批在专业领域掌握全球产业价值链"话语权"的龙头型商贸企业。此外,需要加强品牌孵化平台建设,发展壮大具有国际化竞争力的专业化品牌培育、运营、资本运作集团,在加速培育产品品牌、渠道品牌、载体品牌的同时,形成联动上下游消费产业链的品牌培育产业链,盘活城市原生品牌资源的同时,培育一批消费领域新品牌。

(三) 推动消费全面数字化升级

受新冠肺炎疫情影响,消费数字化发展进入加速期。国际知名研究机构 eMarketer 数据显示,2020 年全球零售总额下降 2.8%,但全球零售电子商务交易额逆势增长 25.7%。疫情催化全球在线消费逆势增长,跨境电子商务、全球数字贸易加速发展。上海率先提出从经济数字化转型、消费数字化转型和治理数字化转型三个方面全面推进城市数字化转型,在消费创新发展方面走在全国前列。从 5G 到元宇宙技术的探索应用,上海正通过标杆性项目打造和信息技术商业创新应用,不断保持在智慧商业创新方面的领先地位。

未来上海需要准确把握后疫情时代消费变化的新趋势,研究制定商业数字化转型的标准体系,加大对商业数字化转型、智慧商圈和智慧菜场建设的支持力度。打造商业数字化转型示范区,推动大型连锁商业企业全方位数字化转型,建设一批智慧购物示范场景。集聚一批引领行业发展的直播电商平台,培育一批具有国际影响力的直播活动。同时,上海需要进一步加快消费领域新基建建设,优化电商物流、智慧末端配送等数字化供应链设施配套,实现市场信息的充分共享和线上线下消费市场充分融合,提升城市商业的数字化、智能化水平。此外,上海需要加快发展互联网医疗、在线教育等服务消费新业态、新模式。对"元宇宙"在商业和消费领域新的应用方向和发展赛道,进行前瞻性研究和战略性布局,更好挖掘和形成新的消费增长点。

(四) 打造世界级消费地标

世界级消费地标是国际大都市城市形象的标志和商业文化的名片,是消费品牌集聚地、多元业态融合地、时尚潮流引领地。纵观知名国际消费中心城市,无一例外均拥有象征城市文化和品味、体现城市繁荣繁华的消费地标。如纽约的第五大道、巴黎的香榭丽舍大街、东京的银座等。上海虽然拥有南京路、淮海中路、豫园等历史悠久、国内知名的商圈商街,但国际知名度仍然有限,全球消费吸引力与国际知名商圈商街仍有较大差距。

未来上海需要加强城市核心商圈发展的顶层战略引导,促进核心商圈空间联动、特色互补,打造国际级消费集聚区。加快研究出台《上海国际级消费集聚区规划建设指引》,对几大核心商圈的错位发展进行统筹规划,对商业与文化、旅游、交通、景观等的联动发展,商圈的数字化转型进行系统谋划。结合《上海市城市更新条例》,推动容积率转移、奖励政策优先用于城市地标商圈的改造提升,并在消防、环保、文保要求等方面给予一定弹性空间。注重激活存量商业空间独一性和特色化资源,创新存改新模式,争取率先在商圈改造提升REITs(不动产投资信托基金)项目上形成突破,引进社会资本把历史建筑"用"起来,发展体验业态让文化资源"活"起来,通过政策性创新,推动历史建筑和特殊功能区域设施改造与新消费场景建设相结合,构建具有上海特色的国际消费中央活力区。

(五) 挖掘服务消费发展潜力

国际知名消费城市的发展实践证明,提高服务消费供给的专业化、品牌化和多元化水平,扩大服务消费市场规模,是国际消费中心城市迈向高水平发展阶段的必由之路。如纽约百老汇、伦敦西区的音乐戏剧产业、文化创意消费,巴黎各类文化赛会活动消费、时尚秀演体验,新加坡、迪拜的旅游目的地消费。结合城市资源禀赋条件,不断探索跨界融合的消费新模式,挖掘服务消费新亮点,是国际消费中心城市形成独特消费个性与魅力,推动消费提质升级的重要手段。

　　未来上海在服务消费的发展上,要结合打响"上海服务"品牌,进一步优化服务内容供给。深入推进食品安全示范城市建设,培育一批具有国际水准的环球餐饮美食街、美食集聚区和特色集市,打造具有全球吸引力的美食之都。打造一批具有国际影响力的文化设施集聚区,建设一批高水平电竞场馆,推动形成全球规模最大、密度最高的剧场群。开展国家体育消费试点城市建设,大力发展节假日和夜间赛事体育经济。发展国际健康旅游消费,推进全域国际医疗旅游试点,培育一批具有国际竞争力的医疗服务品牌和项目。此外,要推动服务消费细分市场专业化头部公司的培育,形成企业品牌。充分挖掘服务消费长尾效应,培育形成个性化市场和圈层化市场。结合地标商圈建设,促进服务消费空间集群或产业集群。结合"大消费"概念,发展数字化消费时代"产品+内容"的新模式,推动城市供应链、产业链、服务链的融合创新。

(六) 深化长三角区域协同发展

　　长三角地区收入和消费均位居全国前列,是中国规模最大、档次最高的消费市场之一,区域内部各省市之间经济往来和消费联系密切。银联数据显示,2019年江苏省和浙江省客群在沪实体商圈消费总额分别达到600亿元和500亿元,位居全国省市前两位。[①]长三角地区在消费创新、产业联动、区域一体化市场建设方面具有天然的优

---

　　① 数据来源:贺瑛、曹静、孙雪飞等:《上海商业发展报告2021》,上海科学技术出版社2021年版。

势。上海发挥龙头带动作用,推动长三角区域消费市场一体化,在更大范围内形成需求牵引供给、供给创造需求的更高水平的动态平衡,将大幅提升上海作为国内消费中心城市的辐射能级,更好畅通国内大循环。

未来上海需要从产业、流通、消费等多个方面加强与长三角其他城市的联动发展。推动打通一体化区域市场,推进区域性消费平台和载体建设,加快推动具有产供销资源整合能力的商贸主体,跨区域布局生产制造基地,通过制造业和终端消费市场联动发展,优化消费品设计、制造和销售产业链的分工布局,为本土品牌孵化提供产业腹地支撑。同时,促进长三角地区产品质量标准统一、市场监管行动协同、检查结果互认,打通内外贸市场一体化流通渠道。在打破区域市场壁垒的过程中,进一步推动数字贸易、知识产权、新型服务消费等领域与国际高标准经贸规则的衔接,共同打造进口商品和服务"世界超市"。此外,建立"客流共享、平台互联、主体互动、宣传互通"的联动办节(如五五购物节)机制,建立品牌发布展示营销合作机制,优化"上海品牌""江苏精品""浙江制造""安徽名牌"的联合营销网络。

图书在版编目(CIP)数据

国际消费中心城市全球化视野的比较与评估/上海
市商务发展研究中心编著.—上海:上海人民出版社,
2022
ISBN 978-7-208-18046-8

Ⅰ.①国… Ⅱ.①上… Ⅲ.①国际性城市-消费市场
-研究-中国 Ⅳ.①F299.2 ②F723.58

中国版本图书馆 CIP 数据核字(2022)第 217230 号

责任编辑 于力平
封面设计 夏 芳

国际消费中心城市全球化视野的比较与评估
上海市商务发展研究中心 编著

出　　版　**上海人民出版社**
　　　　　(201101 上海市闵行区号景路 159 弄 C 座)
发　　行　上海人民出版社发行中心
印　　刷　上海商务联西印刷有限公司
开　　本　720×1000 1/16
印　　张　13.75
插　　页　4
字　　数　160,000
版　　次　2022 年 12 月第 1 版
印　　次　2022 年 12 月第 1 次印刷
ISBN 978-7-208-18046-8/F·2790
定　　价　68.00 元